HARCÈLEMENT AU FÉMININ

HARCÈLEMENT AU FÉMININ

De Gérard Mouton

Collection Edite/Théâtre

© 2018 LES ÉDITIONS DE L'OEIL DU SPHINX
ISBN : 979-10-91506-86-1
EAN : 9791091506861
Collection Edite
ISSN de la collection : 2275-9670
Dépôt Légal : août 2018
Photo de couverture : « Alphonsine », sculpture en bronze de Virginie Desmeulles-Lamour et Gérard Mouton.
Infographie : André Savéant.

HARCÈLEMENT AU FÉMININ

DE GÉRARD MOUTON

LES ÉDITIONS DE L'ŒIL DU SPHINX
36-42 rue de la Villette
75019 PARIS, France
www.œildusphinx.com
ods@œildusphinx.com

À Virginie

À Bernard et Alexandre mes amis dans l'entreprise qui ont eu le courage de témoigner pour la justice prud'homale.

À Michel ROBINOT et Jean-Claude JEZEQUEL mes amis dans la vie qui m'ont aidé et soutenu.

Au syndicalisme

Aux associations philanthropiques, philosophiques et progressives

SOMMAIRE

PRÉFACE ET TÉMOIGNAGES

Dr. BERNARD SALENGRO
Expert confédéral santé au travail,
Président d'honneur CFE-CGC santé au travail 13

M. ERIC BUTTAZZONNI Délégué syndical CGT 19

M. G. BERNARD
Ex-représentant du personnel CFE-CGC.................... 23

Mme NADINE CARPENTIER-DESMEULLES
Psychologue 25

Me. PATRICK VOISIN
Avocat au Barreau de Paris.. 31

HARCÈLEMENT AU FÉMININ

ACTE I LA RENCONTRE 41

ACTE II LES ATTAQUES 67

ACTE III LA DESCENTE AUX ENFERS 109

INFORMATIONS SUR L'AUTEUR

Gérard Mouton est né à St Etienne en 1959. Issu d'une famille ouvrière et minière, il effectue des études brillantes. Diplômé de HEC, il est marié et a cinq enfants.

Pendant 25 ans, il travaille comme cadre supérieur dans une grande entreprise du CAC 40.

En 2008, il choisit la voie de l'Art. Il est sculpteur et professeur de sculpture en région parisienne, à Chatou. Il adore sculpter en public. Il consacre beaucoup de son temps au bénévolat pour faire partager l'amour de la sculpture au plus grand nombre et notamment aux enfants déshérités. Il exerce également en tant que masseur bien-être confort avec les massages ancestraux asiatiques et hawaïen. Il a déposé un brevet pour la protection des nouveau-nés contre la mort subite du nourrisson.

Il excellait en athlétisme pendant son adolescence. Marqué par une injustice à l'âge de 15 ans alors qu'il aurait dû être champion de France du saut à la perche, il s'est alors intéressé aux injustices en athlétisme qui l'ont conduit à écrire un livre : « Le silence olympique ».

Ce livre a été préfacé par Roger Bambuck, finaliste olympique du 100 m aux JO de México et Ministre des Sports du Gouvernement Rocard.

Il écrit des pièces de théâtre notamment « La femme au réverbère » mise en scène par Joël Lagarde et jouée par Martine Lagarde.

Cette pièce a connu un vif succès au Festival off d'Avignon et a été reprise de nombreuses fois en France.

Il a également écrit une pièce sur le monde ouvrier à Saint-Étienne dans les années 1950, « *Les miettes de bonheur* ».

Avec « Harcèlement au féminin », il nous livre une pièce de théâtre poignante sur le monde de l'entreprise et le harcèlement. Il a été délégué du personnel CFE-CGC et membre du Comité Central d'Entreprise d'une grande entreprise française du CAC 40.

Il a de nombreux projets d'écriture de livres et de pièces de théâtre en lien avec des enjeux de société.

Pour joindre l'auteur : gerard.mouton@free.fr

PRÉFACE

Dr BERNARD SALENGRO

Expert confédéral santé au travail
Président d'honneur CFE-CGC santé au travail
Auteur de nombreux ouvrages dont « *Le management
par la manipulation mentale* ». Éditeur : L'Harmattan.

Le harcèlement moral est en plein développement dans les entreprises et la pièce de théâtre « Harcèlement au féminin » décrit utilement nombre de mécanismes du harcèlement moral. Elle donne ainsi des outils de réflexion aux salariés pour lui résister et s'y opposer. Elle appelle également aussi à plus de vigilance et de considération pour les personnes en proie à cette agression.

Grâce au théâtre, par la représentation spatiale et gestuelle, nous voyons concrètement, nous comprenons les ressorts du harcèlement, la souffrance de la personne, la lente et progressive dégradation de ses conditions de travail et de son être même. Le théâtre touche la sensibilité des salariés, les aide à analyser et à lutter contre ces agressions. Il permet une approche humaine, directe, de proximité, de ce problème. Le spectateur est en prise directe avec la souffrance du personnage, l'ignominie du tortionnaire et l'absurdité du pouvoir pervers.

Le harcèlement moral nous apparaît dans toute sa logique, sa cohérence et sa force destructrice. On a envie de s'adresser au personnage : ne te laisse pas, faire. Réagis !

Par l'illustration concrète et directe de la souffrance humaine, la description de l'absurdité du pouvoir et de la lâcheté de certains, la pièce décrit la lente dégradation professionnelle et psychologique d'un homme, sa chute inexorable jusqu'au pire ?

Elle relate ses tentatives pour redresser la barre et son incompréhension de la situation et des ressorts psychologiques de son adversaire. Elle analyse l'isolement, les mécanismes de silence et de complicité de la hiérarchie et de l'entourage professionnel qui autorisent en fin de compte le harcèlement moral ainsi que les ravages dans la famille et les relations de la victime.

Elle explique les processus complexes qui se mettent en place : complicité, silences, lâchetés, dénonciations, trahisons

Cette pièce, en décrivant des comportements, des attitudes, des réactions, appelle les salariés à une plus grande vigilance. Et si ce n'est pas pour eux-mêmes, cela peut les amener aussi à plus de considération pour un collègue éventuellement en proie à une forme de harcèlement.

Quels sont les mécanismes du harcèlement moral ? Comment lutter ?

Harceler, selon le Larousse, signifiait « frapper » en ancien français. De nos jours, c'est soumettre à des attaques incessantes ; le harcèlement tourmente avec obstination ; soumet à critiques, à des moqueries répétées.

Le harcèlement moral est très répandu en entreprise. Une enquête réalisée par la CFE-CGC en 2002 montre que 23 % des personnes interrogées se déclaraient en situation de harcèlement moral.

Au niveau européen, la Fondation Européenne pour l'amélioration des conditions de travail estime d'après ses études que près de 10 % des salariés sont victimes d'actes de brimades ou d'intimidation. Soit l'équivalent de 12 millions de personnes ! Le harcèlement moral est en très fort développement dans notre société. La crise, la récession économique, le sous-emploi fragilisent les êtres, durcissent les relations sociales et favorisent les comportements de domination et de harcèlement. La pression est de plus en plus forte sur les salariés qui sont plus vulnérables. La difficulté à trouver un emploi, à changer d'emploi, la compétition facilitent l'autoritarisme et la perversion des « petits chefs ».

Il existe trois grandes formes de harcèlement moral : le détournement des activités et de l'organisation ; les actes, paroles ou comportements vexatoires ; le contournement du règlement. Le point commun est la répétition des actes et une volonté de nuire à la victime. Le tout dans une logique de cercle vicieux. Le harcèlement est souvent hiérarchique descendant. De la hiérarchie du niveau n vers le niveau n-1. Selon l'étude statistique de Hans Leyman, cela correspond à 37 % des cas. Le harcèlement transversal, des collègues au même niveau hiérarchique, se situe au niveau très élevé de 44 %. Les principales pratiques du harcèlement sont une agression de l'image de la personne et des atteintes à sa santé. Ce sont les agissements destinés à empêcher la victime de s'exprimer ; à l'isoler ; à la déconsidérer auprès de ses collègues ; la discréditer dans son travail ; compromettre sa santé.

La gravité des attaques se traduit par l'importance des séquelles psychiques dès lors que cette situation de harcèlement s'installe avec un cortège de troubles dépressifs, troubles d'inquiétude et du sommeil.

Prévenir le harcèlement moral de façon collective passe dans l'entreprise par la formation des salariés, des syndicalistes et des services de ressources humaines.
Les outils dans l'entreprise peuvent être variés : les chartes, l'approche éthique, le développement durable, les questionnaires.
Les facteurs de résistance favorables au harcelé sont :
La confiance en soi, la considération de l'entourage, le soutien de l'entourage, des conditions matérielles stables, une marge de manœuvre, la capacité de résoudre ses problèmes et la faculté de s'orienter dans la société.
Attention, résister au harcèlement moral se révèle très souvent épuisant, dévorant toute l'énergie du salarié.
Quitter à temps le service ou l'entreprise quand on le peut, la tête haute avec si possible une indemnité de l'entreprise, est parfois très souhaitable pour le salarié lui-même.
Pour résister au harcèlement, le salarié peut effectuer une démarche sur lui-même (sport, relaxation, massages, théâtre, musique…)
Le salarié doit chercher à s'appuyer sur un réseau personnel, familial ou amical. À s'appuyer aussi sur le médecin du travail qui est entouré de règles de garantie comme le secret médical, de règles déontologiques qui mettent en priorité la protection des personnes et d'éviter l'altération de la santé du fait du travail.
Il faut aussi et surtout s'appuyer dans l'entreprise sur des personnes manifestant une certaine communauté d'esprit concordante avec la démarche de défense.

Adhérer à un syndicat (« étymologiquement "dire ensemble"»).

Cependant, la recherche des causes de ce phénomène amène inexorablement à une approche collective ; quand le groupe est en difficulté, cela se traduit tantôt par un vécu collectif de stress, tantôt par des situations de harcèlement. On retrouve le vieil adage : « quand il n'y a plus de foin, les chevaux se battent », il en est de même chez les personnes !

C'est dire que la situation de harcèlement moral doit être avant tout prise comme symptôme de dysfonction-nement du groupe et donc comme alerte pour les délégués et les managers pour changer ce fonction-nement, plutôt que de chercher un méchant et un frag-ile !

Les formes de travail contemporaines, de communica-tion et de management (évaluations personnelles régulières, mises en concurrence interne) entraînent un isolement des personnes. Cette situation affaiblit les réflexes de défense collectifs (comme les syndicats) et permet l'installation plus facile de situation de harcèle-ment.

L'examen des réactions collectives comme les grèves montrent que d'année en année leur nombre baisse tan-dis que les réactions individuelles comme les vécus de stress et les situations de harcèlement moral pro-gressent chaque année. C'est le reflet de l'atomisation des relations humaines et, par voie de conséquence, de leur fragilisation.

L'isolement est le fait majeur du harcèlement moral.
Comme le conclut la pièce : « Ne restez jamais seul ! »
Le syndicalisme est une très grande force.

TÉMOIGNAGE D'ERIC BUTTAZZONI
Délégué syndical CGT

Le texte de Gérard Mouton m'a ému en me replongeant dans plusieurs épisodes que j'ai vécus en tant que représentant du personnel

Pour un syndicaliste, il est tellement incroyable de voir comment le harcèlement produit un tel isolement, piège redoutable alors que pourtant des outils existent en particulier autour des lois de pénalisation du harcèlement et de responsabilité de l'employeur, autour des pouvoirs qui sont donnés aux délégués du personnel et membres des comités hygiène sécurité et conditions de travail. On devrait assister au contraire à des actions rapides, efficaces et le plus en amont possible.

Mais les facteurs d'isolement, très bien rendus par la pièce de théâtre de Gérard, sont une force délétère terriblement efficace.

C'est en premier lieu la victime elle-même qui a honte, qui se cache, qui n'ose pas en parler ; Le harcèlement a ceci de particulier qu'il détruit la victime et lui enlève rapidement la force de réagir, de lutter. Au point que souvent pour permettre à la victime de se reconstruire, il est plus efficace, dans un premier temps, de la soustraire à la présence du harceleur plutôt que vouloir à tous prix engager une bataille de droits.

C'est en second lieu la ligne hiérarchique qui prend fait et cause pour le harceleur. Car le harceleur a plusieurs visages. S'il est tyrannique avec le ou les harcelés, il sait séduire ses pairs et supérieurs. Il est alors difficile sans un travail d'enquête de longue haleine de le démasquer et de faire douter ses supérieurs. Et encore en supposant qu'il ne s'agit que de harcèlement individuel et non du harcèlement managérial à visée de réduction d'effectifs.

Mais ce ne sont pas les seuls facteurs.

Si les représentants du personnel peuvent agir, ils ont besoin de témoignages et du soutien des collègues. Or, les harceleurs savent avant tout isoler, créer un climat d'exclusion, déprécier. L'entourage professionnel comprend vite qu'il y a danger à témoigner sa sympathie au harcelé. Et cela finit souvent d'exclure totalement la victime.

Cela n'est pas une fatalité. Les représentants du personnel peuvent investiguer, enquêter, alerter, aller en justice ; les organisations syndicales peuvent communiquer y compris à l'externe de l'entreprise. Ces pouvoirs sont à la disposition du personnel, des collègues et pas seulement des victimes. Ce qui peut faire basculer le rapport de force et sauver la victime, c'est avant tout l'attitude, l'aide, les témoignages et alertes des collègues, même fournis discrètement voire sous condition d'anonymat.

Pour lutter contre le harcèlement, nous pouvons, nous devons dépasser dans nos services, nos équipes, l'indifférence, l'individualisme, le fatalisme, la peur.

Il ne s'agit nullement de se « suicider professionnellement », il ne s'agit nullement de se sacrifier, il s'agit de retrouver le sens du collectif, le sens de la défense collective, de refuser d'isoler un collègue, de donner force aux pouvoirs des représentants syndicaux.

Il en va de la santé et même de la vie de nos collègues harcelés. Au pouvoir du harceleur, opposons notre solidarité et retrouvons tout le sens du mot « Résistance ».

TÉMOIGNAGE DE G. BERNARD,

Ex-représentant du personnel CFE-CGC

Quand Gérard m'a proposé d'écrire une préface de sa pièce de théâtre, j'ai dit oui naturellement ; mettre en scène pour raconter comme un témoin, c'est un bel enjeu qui a motivé l'écrivain. Rendre vivante l'étrange plongée dans laquelle des « personnes impossibles » précipitent leurs victimes est une forme de mémoire et de présence portées par cette pièce.

Un monde imaginaire, basculé du côté obscur de la farce, aboutissant à la destruction d'une personne, monde peuplé de personnages fictifs qui ne pourraient se trouver dans le monde constructif de nos bonnes et saines entreprises ? Ou alors un monde bien réel, basculant vers une montée des pressions individuelles et des risques psychosociaux, dans lequel l'appétit individuel et la soif d'on ne sait quoi vont se nourrir sans relâche des misères qu'ils pourront faire germer ?

En tant que représentant du personnel puis comme consultant de CHSCT, je fus plusieurs fois confronté à des phénomènes psychosociaux cruels, et j'ai dû repêcher des salariés envoyés en plongée profonde. Calibrer l'exercice du pouvoir, définir précisément les missions les objectifs et les moyens, etc…. c'est-à-dire éclairer l'exercice du management sont des pistes et bien d'autres sont possibles pour éviter ces désespérances dangereuses.

L'humain au cœur de l'entreprise devrait être une devise partagée objectivant une volonté de construction d'ensemble et de création de valeurs.
Merci à Gérard pour avoir aussi finement écrit et animé de sa prose une aventure humaine tellement réaliste.

APPROCHE PSYCHOLOGIQUE

Nadine Carpentier-Desmeulles,
psychologue, région de Toulouse.
nadine3178@laposte.net
*Source : Marie-France Hirigoyen – Le harcèlement
moral au travail.*

**Le harcèlement moral au travail est un problème
vaste et complexe.**

Une caractéristique essentielle du harcèlement moral
est qu'il s'exprime par un rapport de force inégal entre
les protagonistes. Une des deux parties dispose objec-
tivement de beaucoup plus de ressources que l'autre.
La personne ciblée perçoit son agresseur comme dom-
inant, voire tout puissant. Il peut s'agir d'une asymétrie
dans la relation de subordination. Mais elle peut être
simplement liée à des éléments de compétences dont la
personne ciblée peut avoir besoin (dossiers en amont,
connaissance, informatique…)
D'après M.F. HIRIGOYEN, psychiatre et psychana-
lyste, s'il y a harcèlement moral, c'est justement parce
qu'aucun conflit n'a réussi à se mettre en place.
L'agresseur, refusant tout dialogue et toute explication,
bloque la situation et paralyse sa cible. Rien n'est dit,
car le but n'est pas d'améliorer le travail, mais de la
« casser psychologiquement » voire de se débarrasser
de la personne, de la détruire.
L'impact du harcèlement moral est considérable sur la
santé de la victime, se manifestant par des troubles psy-
chosomatiques variés et importants. Il est à noter que

seule la moitié des personnes harcelées ont conscience de l'être. Parce qu'elles ne veulent pas voir la réalité de l'agression et répriment leurs émotions. Ces personnes ne prennent conscience du processus que lorsque leur état de santé se détériore ou quand quelqu'un d'autre pointe le harcèlement qu'elles subissent.

Pour certains patients, il est très difficile de faire la démarche de se faire aider et de poser des mots sur cette horreur, de reconnaître qu'elles sont victimes de harcèlement ou parfois d'être encore sous l'emprise d'un harceleur. L'incompréhension sur les agissements de leur harceleur, le « non-sens » des diverses situations subies les amène même parfois à se questionner sur leur propre santé mentale. « Je deviens folle…, je suis fou » et sur leur propre responsabilité de la situation. La honte et la culpabilité occupent une place centrale chez les victimes qu'il est important de libérer. Des études montrent qu'il n'existe pas de « profil type de victime » et touchent toutes les classes professionnelles. Ce sont des groupes hétérogènes. Cependant être en état de fragilité psychologique, avoir un manque de confiance en soi peuvent augmenter le risque d'être la cible de harcèlement. Les victimes de harcèlement moral sont très souvent des personnes intègres, consciencieuses, compétentes, très investies dans leur travail.

Une personne peut être prise pour cible sans que l'on trouve d'explication. On constate que celui qui est différent est mis à l'écart par la hiérarchie ou le groupe. Les responsables hiérarchiques peuvent craindre les personnes très libres, ayant une forte personnalité. Certains responsables qui ne sont pas trop sûrs d'eux les redoutent, car elles mettent en exergue leurs propres faiblesses et insuffisances.

De nombreuses victimes présentent tous les critères du stress post-traumatique :

- Intrusion/Envahissements de pensées : la personne revit en permanence la situation traumatisante ce qui provoque une forte détresse psychologique.

- Évitement : la personne fait tout pour éviter les situations qui pourraient lui rappeler l'évènement traumatisant

- Hyperstimulation : la personne présente des symptômes d'hypervigilance avec des troubles de concentration, de mémoire, des troubles du sommeil, de l'irritabilité qui se prolongent dans le temps.

- Altération de la pensée, fonctionnement psychique ébranlé, troubles dissociatifs.

Le harcèlement moral est un processus complexe dont l'origine n'est pas liée à une unique cause, mais à différents facteurs psychologiques, sociologiques et managériaux qui interagissent et se renforcent les uns les autres. Comme le souligne M.F. HIRIGOYEN, le management s'est déshumanisé. Les salariés ne travaillent plus en équipes soudées, mais de façon transversale, par projet. Il existe différents styles de management (style, autoritaire, du laisser-faire), mais « le management pervers » cautionne le harcèlement vertical des petits chefs destructeurs ou narcissiques qui profitent d'une ambiance générale malsaine pour disqualifier un rival ou acquérir du pouvoir. Il favorise aussi le harcèlement horizontal par délégation. Parfois, dans certaines entreprises on met en œuvre un harcèlement moral stratégique conscient et délibéré, afin de faire partir les « faibles contributeurs » tout en évitant un plan social.

Il est important de comprendre le processus de harcèlement moral en tenant compte du facteur humain. La plupart des harceleurs soit ne perçoivent pas ce qui dans leurs comportements pose problème, soit considèrent que leur comportement était justifié étant donné la situation. Les harceleurs agissent soit :

- Par peur : les comportements harcelants peuvent être la conséquence de la pression, voire de la maltraitance que ces managers subissent eux-mêmes de la part de leur hiérarchie

- De par leur vulnérabilité : ce sont des personnes qui sont angoissées par l'ampleur du travail et le répercutent ou qui déversent leurs frustrations sur leurs subordonnés.

- Par manque d'intelligence émotionnelle ou de compétences sociales.

- Par besoin de s'affirmer, de contrôler, de maîtriser, de dominer.

- Par envie, jalousie

- Par passivité : certains leaders peuvent « anesthésier » leurs valeurs morales et obéir à un leader même si celui-ci est dépourvu de scrupules.

Chez certains harceleurs, il existe cependant un profil pathologique :

Le paranoïaque est une personnalité marquée par une psychorigidité et une méfiance extrême pouvant se manifester par de la suspicion. Ces individus se sentent tout puissants, tyrannisent leurs subordonnés et même leurs collègues.

Le pervers narcissique, le plus destructeur car il occupe souvent des postes à responsabilités. Il a l'esprit de compétition et aime prendre des risques. Il a besoin de l'autre pour exister, pour obtenir plus de pouvoir. Pour cela, il cible la faille narcissique chez l'autre et s'attaque à détruire l'autre en l'intimidant, en le paralysant et en le dévalorisant constamment pour l'amener à accepter toute les situations, même si certaines d'entre elles vont à l'encontre de la propre morale de la victime. Ces personnes sont difficiles à démasquer, utilisant une stratégie unique, aux multiples facettes, qu'est la manipulation.

Il est capital que les personnes victimes de harcèlement puissent le dénoncer et qu'elles soient entendues et reconnues dans leur souffrance. La personne doit chercher de l'aide au sein de l'entreprise auprès d'un supérieur hiérarchique quand c'est possible ou prévenir les ressources humaines. Elle pourra saisir le CHSCT, le comité d'hygiène, de sécurité et des conditions de travail. Elle peut aussi prendre contact avec le médecin du travail qui peut prescrire un arrêt maladie indiquant le « stress post-traumatique » ou « syndrome dépressif réactionnel. » Il a obligation de confidentialité avec le secret médical. Il pourra cependant faire état du problème au sein de l'entreprise.

Différentes associations sont présentes également pour soutenir les victimes, avec des cellules d'écoute psychologique :

AVHT qui accompagne, soutient et guide les victimes.
HMS : harcèlement Moral
SOUFFRANCE & TRAVAIL

Il est important de sensibiliser les personnes à ces situations de harcèlement aux conséquences dévastatrices qui portent atteinte à l'intégrité de l'être humain. Être le porte-parole de toutes ces victimes par le biais du théâtre en « exposant cette horreur, l'impensable » aux yeux de tous nous touche… nous émeut et permettra une plus grande prise de conscience.

Merci à toi Gérard pour ce beau travail.

QUID DU HARCÈLEMENT AU TRAVAIL ?

Me Patrick VOISIN
Avocat au Barreau de PARIS
cabinetvoisin@wanadoo.fr

Il a écrit : « *La raison du plus fort est toujours la meilleure* »...

En mettant en évidence un manque d'équité, LA FONTAINE ajoutait : « *selon que vous serez puissant ou misérable les jugements de Cour vous rendront blanc ou noir* ».

Au 21e siècle, il serait bienvenu de compléter les ressentis de l'auteur en ajoutant à propos du harcèlement : « Le harcèlement n'est pas seulement une affaire de pouvoir, il est aussi et surtout une affaire de preuve ».

Plus de 4 siècles après, malgré les avancées législatives, l'existence des réseaux sociaux et les investigations de courageux journalistes, les morales de LA FONTAINE nous semblent encore actuelles... S'il est vrai que le « Tribunal médiatique » attache une grande importance au harcèlement sexuel, puisque celui-ci est entré dans l'actualité, il semble en revanche que la discrétion soit « de mise » à propos du harcèlement au travail.

Si le harcelé a la volonté qu'il soit mis fin au harcèlement dont il fait l'objet et s'il a tout autant la volonté de conserver son travail, qu'en est-il lorsqu'il n'y parvient pas et qu'il doit continuer à subir ce qui pour lui est un supplice ?

Doit-il se retirer et quitter son emploi, ce qui sera à la grande satisfaction de son employeur, qui s'en sépare aux moindres frais et le plus souvent sans procès ?

Doit-il entrer en résistance et rester vivre un enfer afin de conserver l'emploi qui lui permet de faire vivre sa famille ?

Ou bien doit-il réagir, en utilisant les droits qui lui ont été donnés par le législateur ?

S'il s'apprête à réagir sur le plan judiciaire, trois difficultés vont immédiatement se présenter à lui : obtenir la preuve de son harcèlement, pouvoir conserver son emploi ou son activité (car le harcèlement peut venir lui aussi d'un donneur d'ordre qui a pour victime l'artisan ou l'autoentrepreneur...) et il s'oblige à faire face aux différents frais.

En général, les Tribunaux, eux, doivent répondre à quatre questions :

S'agit-il oui ou non d'un harcèlement ? Qui en est la victime ? Qui en est le coupable ? Y a-t-il eu intention de nuire ?

Celle ou celui qui est harcelé à l'occasion d'un travail est quasi systématiquement dépendant du donneur d'ordres, de son représentant ou encore, de celui ou de celle que l'on appelle son employeur ou encore « son chef », à moins qu'il ou elle fasse l'objet du harcèlement de son ou de sa collègue, du même « échelon », par jalousie.

Je ne veux pas écrire que la victime d'un harcèlement serait nécessairement une femme, car il existe des cas tout aussi douloureux, dans lesquels le harcelé est la victime d'une harceleuse, de celle que l'on pourrait appeler « la femme qui a le pouvoir ! »

Serait-il possible de considérer que le ou la titulaire du pouvoir soit harcelé par une personne qui n'en aurait pas ? Répondre que dans la vie tout est possible est insuffisant. En effet, il nous faut constater que lorsqu'il y a une forme de hiérarchie dans le harcèlement, celle-ci met nécessairement en difficultés la victime, qui n'a ni pouvoir hiérarchique, ni pouvoir économique, car en engageant la procédure, elle risque de perdre son emploi ou son contrat (cas de l'autoentrepreneur) ou de le faire perdre aux différentes personnes qui pourraient en être ses témoins…

C'est vraisemblablement ce qui explique toutes les difficultés que la harcelée ou le harcelé vont connaître **lorsqu'il va s'agir de rapporter la preuve de leur harcèlement**. En effet il existe une possible interprétation de certains faits ou de certaines paroles, même lorsque la preuve de leur existence est rapportée ou lorsque le harcèlement est totalement nié.Car il s'agit principalement de cela, puisque **c'est sur la victime que va peser la charge de la preuve** et c'est à elle de prouver que les mots ou les gestes, envers elle, ont porté atteinte à ses droits, et sa dignité, ont altéré sa santé, ou compromettent son avenir professionnel.

C'est au harcelé de faire établir l'existence de l'intention de nuire du harceleur.

Si le harcelé va affirmer qu'il s'est senti persécuté, poursuivi, pressé, relancé, talonné ou encore tourmenté, le mis en cause va lui répondre que la plaignante a mal interprété ses propos et qu'en fait il ne s'agissait que d'un jeu sans intention malveillante…

Quid de l'importance des sanctions et de leur caractère dissuasif ? Lorsqu'il est établi, le harcèlement est-il suffisamment sanctionné ?

Ne faudrait-il pas qu'en première page des médias, il soit fait état de l'incarcération préventive du harceleur d'une ou d'un salarié dans son travail, pour qu'enfin cessent les harcèlements, « calvaires » quasi quotidiens des personnes dont on veut obtenir la démission à bas coût, plutôt que le licenciement qui serait nécessairement plus onéreux ? Souvenons-nous qu'il a fallu qu'un Juge ait eu l'audace d'incarcérer un chef d'entreprise responsable d'un accident du travail, pour que ces réglementations-là soient respectées…

Harceler, selon LE LAROUSSE, c'est tourmenter une personne avec obstination, ou la soumettre à des critiques ou à des moqueries répétées, ou encore la soumettre à des questions multiples.

Lorsque celui-ci s'exprime dans le travail, il faut établir que le harceleur est une personne qui a des agissements malveillants et répétés à l'égard d'un subordonné ou d'un collègue, en vue de dégrader ses conditions de travail et de le déstabiliser et voire le pousser à la démission.

Dans le travail, les acteurs de ces actes répréhensibles peuvent ne pas être des acteurs internes « à l'entreprise ». Oui, il existe des harcèlements organisés et commis par des personnes externes à l'entreprise.

En effet, le harcèlement peut être exercé par des tiers avec pour but de porter atteinte à la dignité de la personne salariée au travail. Une atteinte qui va affecter sa santé et la mettre en état d'insécurité.

On a même entendu parler de ce type de harcèlement afin de déstabiliser certains « concurrents » notamment en politique…

Il faut se garder de considérer que le harcèlement ne serait que le fait d'une personne isolée, car le harcèlement au travail peut être commis par plusieurs individus le plus souvent avec concertation.

Lorsque cette preuve est rapportée, il y a, à ce moment-là, ce que l'on appelle une « responsabilité collective ». Quand sa responsabilité est démontrée, l'entreprise est accusée d'avoir laissé les incivilités s'installer et les avoir laissées se banaliser et d'avoir ainsi laissé immerger ce harcèlement.

Au niveau du travail, les outils du harcèlement sont quasi constamment le pouvoir hiérarchique et le pouvoir économique.

Avec la prise de parole des femmes, faut-il considérer que seul l'homme serait le harceleur ?

Celui ou celle qui viendrait à répondre sans discernement par l'affirmative ne serait-il pas dans l'erreur ?

Qui d'entre nous peut affirmer ne jamais avoir entendu parler du harcèlement causé par une femme, supérieure hiérarchique, que ce soit envers un salarié ou une salariée de l'entreprise ? C'est la raison pour laquelle, le législateur n'a pas fait de discrimination, s'agissant de l'auteur du délit…

Et le meilleur exemple est à lire dans le texte de l'auteur de cet ouvrage.

<u>En conclusion</u> :

Que choisir ? Donner la priorité à la prévention ou à la dissuasion par peur de la sanction ?

Si les différents textes législatifs ou réglementaires qui se sont succédés proposent à l'entreprise des obligations de moyens et de résultat en matière de prévention du harcèlement, il convient de s'adresser aux Tribunaux et Cours en leur soulignant que les décisions qu'ils prendront doivent avoir une sanction suffisamment dissuasive pour qu'elle donne priorité à la prévention.

Il reste à aborder la réparation du préjudice, due « au harcelé ».

C'est probablement sur ce chantier à venir, que se fera la véritable dissuasion, lorsque l'on aura frappé de façon sensible au « tiroir-caisse » du harceleur…

HARCÈLEMENT AU FÉMININ

Personnages

(par ordre d'entrée dans la pièce)

Guillaume

Camerine : l'harceleuse

Le directeur de l'international

Patrick : l'ami de Guillaume

La secrétaire du directeur général

Patricia : la coach d'entreprise

La responsable Régulation

La médecin du travail

Le responsable Ressources humaines

ACTE I

LA RENCONTRE

Noir dans la salle et sur scène

Voix off

La première fois que je l'ai vue est un instant gravé dans ma mémoire. Comme un mauvais rêve...
Quelque chose clochait. Mon intuition était en alerte.
La situation m'échappait.
Je captais des signaux d'alarme. Je pressentais les dangers à venir.
Mais comment éviter de tomber dans un gouffre dont j'ignorais alors l'existence ?
Je marchais donc droit vers elle. Le sourire encore aux lèvres. Tout allait si bien dans ma vie... pour encore quelques secondes !

Ouverture du rideau

Dans toute la pièce, le même comédien fait toutes les voix. Le décor est minimaliste.
L'éclairage est très intense au début de la pièce et diminue progressivement d'intensité du Ier au IIIe acte. Il est très réduit au IIIe acte.

■ 1 TOUT VA ENCORE BIEN

Guillaume

J'ai toujours été confiant dans la vie et je me suis laissé souvent porté par les événements.

J'étais très à l'aise dans mes études. L'enseignement supérieur me convenait idéalement. Je me suis retrouvé à 18 ans élève interne à St Étienne. Comme tous les internes, j'avais ce que l'on appelait une « turne ». Une « turne » est un bureau individuel pour travailler, étudier. C'était extraordinaire. Je n'avais jamais eu de chambre pour moi tout seul. Nous étions 4 enfants à la partager. Je disposais ainsi d'un endroit calme pour lire, écrire, réfléchir. Interne, j'assimilais vite. Je travaillais très peu, mais très efficacement.

Je sortais, fréquentais les théâtres et les expositions. J'aimais l'Art sous toutes ses formes : la peinture, la sculpture, la danse, la musique… Je pratiquais l'athlétisme et notamment le saut à la perche. Je vivais pleinement.

Sans galérer, j'étais en tête de classe. J'ai réussi tous les concours que j'ai présentés. J'ai intégré HEC avec une très grande facilité. J'ai été le seul étudiant de St Etienne à réussir le concours cette année-là. Dans les tous premiers.

Pourtant j'étais fils d'ouvrier, boursier d'État !

En tant que fils d'ouvrier, j'ai été réfractaire à l'enseignement dispensé et à l'esprit d'élitisme qui régnait.

Je n'ai jamais oublié que ma mère avait élevé seule ses enfants en gagnant le SMIC. Sur le campus d'HEC, les fils d'ouvrier et les élèves boursiers d'État étaient bien rares, contrairement aux enfants de professeurs, de chefs d'entreprise, de professions libérales, d'ambassadeurs, de ministres. Le propre fils du Président de la République avait raté le concours avec un zéro en mathématiques !

J'étais très content que mes études s'achèvent enfin. J'avais été dispensé du paiement des études, mais mes moyens étaient très limités et j'étais pressé de travailler et de gagner enfin ma vie.

À la fin de mes études, je n'ai pas hésité une seconde. Je voulais donner un sens à mes actions, apporter un plus à la collectivité. La finance et le marketing que j'avais étudiés manquaient singulièrement d'âme et de valeurs à mes yeux. Je voulais exercer une activité utile à la collectivité dans une entreprise qui a le sens de l'intérêt général. Aussi je suis entré dans une des plus grandes sociétés françaises. Un vrai choix. Celui d'une entreprise d'État, pour être au service de mes concitoyens dans une activité essentielle couvrant les besoins fondamentaux de la vie.

J'y exerce depuis plus de vingt ans, très heureux.

Mon déroulement de carrière est excellent. J'ai enchaîné les postes avec succès. J'occupe une position hiérarchique très intéressante.

Mon travail consiste à développer les services et accroître les parts de marché de mon entreprise en Europe du Nord. J'aime voyager et rencontrer des gens. J'aime construire. J'aime le travail bien fait. J'ai la chance de bâtir des projets en confiance avec mes interlocuteurs. C'est passionnant.

Je vais avoir un nouveau chef. Une femme. Je suis confiant. Cela s'est toujours bien passé avec mes chefs. J'aime bien les gens et j'aime travailler.
En plus, j'aime bien les femmes et les femmes m'aiment bien. Je les respecte beaucoup. Je suis curieux et impatient de la connaître.

■ 2 LE DISTRIBUTEUR DE CAFÉ

Guillaume

Ce matin je me suis levé très tôt. Mes interlocuteurs polonais attendent une proposition chiffrée que je me suis engagé à leur faire parvenir rapidement. J'aime bien travailler à l'aube. Dans ces cas-là, je viens en voiture. C'est alors très rapide, car il n'y a presque pas de circulation. Les bureaux sont déserts et je ne suis pas dérangé par le téléphone et par les collègues. J'avance alors très vite dans mes dossiers.

J'ai terminé ma proposition. Je suis détendu. Je vais prendre un café. C'est un bon moment, car je peux discuter avec les collègues qui commencent à arriver. Il y a toujours quelque chose d'intéressant ou de drôle à écouter. J'ai mon ami Patrick notamment qui a toujours une histoire à raconter. Je ne sais pas comment il fait : quelle que soit l'heure, il est en forme et plaisante abondamment. C'est une des rares personnes expansives de mon étage. J'aime les gens entreprenants et rieurs. Ils sont très rares !

J'arrive à la machine à café. Une femme, seule, est au distributeur de café. Elle est en train de se servir. Lorsqu'elle se retourne, je la salue courtoisement. Elle m'est inconnue. Je découvre une femme d'une cinquantaine d'années, vêtue négligemment. Elle me paraît décidée et affirmée. Plutôt belle femme. Mais son regard m'intrigue. Elle ne répond pas à mon bonjour. Ses yeux sont noirs, très noirs... Elle me regarde bizarrement de haut en bas. Le silence est lourd. Je suis en alerte. Pour alléger l'atmosphère, j'engage la conversation :

Nous ne connaissons pas. Je suis Guillaume, le responsable Europe du Nord. Si je peux vous être utile ?
Elle se mord la lèvre. Son silence m'étonne.
Après quelques secondes interminables et après m'avoir à nouveau étudié de bas en haut, elle me dit d'un ton très sec :

Camerine

Je suis votre nouvelle Chef, Camerine. Je peux vous parler ?

Guillaume

Bien sûr.

Camerine

Allons dans votre bureau.

Guillaume

Avec plaisir

Camerine

Vous êtes à cet étage ?

Guillaume

Oui, dans l'aile opposée.

Je me sers un café. Elle me regarde faire sans rien dire puis nous nous dirigeons vers mon bureau. Il se trouve à une quarantaine de mètres. Nous marchons côte à côte. En silence. Je l'observe du coin de l'œil. Elle a des tics nerveux. Je me demande si elle a des problèmes d'équilibre. Elle ne me semble pas assurée du tout dans sa démarche. J'ai l'impression qu'elle va tomber à tout moment.

À ce moment-là, je pense même qu'elle a une invalidité physique.

Nous entrons dans mon bureau. La porte est restée ouverte. À peine introduite, elle commence à parler. C'est un peu décousu au début. Elle cherche ses mots. Puis se lance :

Camerine

Je vous informe… que je… je… vais… constituer… une nouvelle équipe…

(Silence de Guillaume)

Camerine

… je ne veux pas de vous… dans cette équipe.

Guillaume

De bon matin, cette sortie me sidère.
Madame, je suis surpris…

Elle m'interrompt :

Camerine

Vous n'avez pas du tout le profil.

Guillaume

Mais vous ne me connaissez pas. C'est la première fois que nous nous voyons !

Camerine

Je suis un décideur et ma décision est prise.

Guillaume

Elle se la joue. Ce n'est pas possible.
Laissez-moi vous expliquer ce que je fais. J'ai des dossiers importants pour l'entreprise.
Elle hausse les épaules.
Je n'en reviens pas. Cette femme qui ne m'a jamais vu qui ne connaît rien de moi est en train de me jeter à la face que je ne fais pas l'affaire, que je ne ferai jamais partie de son équipe.

Camerine

Vous savez l'entreprise évolue. Vous n'êtes plus dans le coup.

Guillaume

Madame, vous plaisantez !

Camerine

Monsieur, je ne vous permets pas !

Guillaume

Je suis passionné par mon travail et je réussis tout ce que j'entreprends.

Camerine

C'est vous qui le dites. Je n'en crois pas un mot.

Guillaume

Eh bien, renseignez-vous auprès des Directeurs, auprès de mes anciens chefs.

Camerine

Vous n'avez pas à me dire ce que j'ai à faire.
Je n'ai pas de temps à perdre avec vous. Je ne veux pas avoir affaire avec vous. C'est simple, c'est clair.

Guillaume

Madame, je tiens à mon poste, à mes activités, à mes dossiers. Je ne me laisserai pas faire.

Camerine
(elle se met à crier, hystérique)

Je vous enlèverai toutes vos activités, tous vos dossiers.
Je vous déposséderai de toutes vos responsabilités.

Guillaume

Elle déverse sur moi toute sa rancœur, sa haine. Je pense vraiment à une méprise. Elle doit se tromper de personne. Ce n'est pas possible. Je lui demande de garder son calme.
Il n'y a rien à y faire.
Madame, c'est la première fois que nous nous voyons. Vous rendez-vous compte de ce que vous racontez ?

Camerine

Tout à fait. Ma décision est prise. Bien prise.

Guillaume

Enfin, réfléchissez un tant soit peu.

Camerine
(elle crie encore plus fort)

Je vous isolerai. Je vous casserai.

Guillaume
(gagné par l'irritation)

Il faut vous faire soigner, Madame !

Camerine

Je vous démolirai.

Guillaume
(bredouillant)

Madame, je pense… je pense… que vous n'allez pas bien du tout !

Camerine

Je vous détruirai. Vous ne serez plus rien.

Guillaume
(très en colère)

Sortez ! Sortez de mon bureau. Tout de suite !
Je lui montre la porte. Je suis sidéré par ses propos.
J'intercepte son regard. Étrange et tellement noir ! Un regard que je trouve dérangeant, reflet d'une instabilité psychologique. À ce moment-là, s'y ajoute une pointe d'ironie, de mépris et de méchanceté qui me glace le dos.
Elle sort comme une furie. Il n'y a personne dans le couloir et j'en suis soulagé. Je suis tombé sur une folle !

■ 3 METS-TOI HORS DE PORTÉE

Guillaume

Après cet entretien ahurissant, j'ai demandé à voir le patron de l'international. Ma demande reste sans réponse malgré mon insistance. Je l'ai renouvelée plusieurs jours de suite.

Le directeur m'évite. Comme je veux en avoir le cœur net, je veux le forcer dans ses retranchements. J'aime les situations claires. Les non-dits me pèsent trop et je les interprète souvent mal. Pour le rencontrer, c'est simple. Je vais le coincer dans le parking. Je sais qu'il finit ses journées assez régulièrement autour de 20 h. Je m'arrange pour finir à la même heure et je m'avance doucement vers la sortie. Avant de franchir le sas de sortie, je m'attarde un peu.

J'entends les portes de l'ascenseur s'ouvrir. Je le reconnais instantanément. Un grand type énergique. Il a une tête ovale et le crâne bien dégarni. C'est un intellectuel, imbu de lui-même et très arriviste. Il est très rapide dans ses raisonnements et dans ses prises de position. C'est un tueur, prêt à tuer père et mère, pour être le premier, le meilleur.

Mais, au moins, il a cette qualité de dire les choses ouvertement, sans détour. Je vais savoir à quoi m'en tenir dans quelques secondes.

Le directeur de l'international
(Il me salue très neutre)

Bonjour, Guillaume

Guillaume

Je sais qu'il faut que j'aille à l'essentiel très vite. J'y vais franco :
Bonjour. Alors tu n'as pas quelques minutes à me consacrer ? Il faut que je te guette dans les couloirs après la tombée de la nuit !
Cette sortie le fait sourire.
Nous marchons d'un même pas vers nos voitures. La sienne est garée à moins de 100 m.

Le directeur de l'international

Tout va bien, Guillaume ?

Guillaume

Je ne lui réponds pas et aborde directement le sujet qui me préoccupe :
Je souhaite te parler de Camerine. Je suis très surpris de son comportement à mon égard.

Le directeur de l'international

Elle vient juste d'arriver.

Guillaume

Justement. Elle m'a ouvertement annoncé qu'elle voulait me descendre. Je ne comprends pas !
Il s'arrête de marcher et me fixe de son regard pénétrant et narquois.

Le directeur de l'international

Qu'est-ce que tu ne comprends pas ?

Guillaume

J'essaie d'être le plus clair possible.

Je ne comprends pas la situation. Je suis à fond sur mes dossiers. Cela marche très bien en Pologne. Nous sommes dans l'irrationnel. Le projet polonais est d'une grande importance. Même si elle a quelqu'un à placer, elle ne peut pas se passer de moi pendant au moins quelques mois. J'ai tous les contacts avec nos partenaires. Je maîtrise tous les mécanismes de cette affaire et tu sais combien ils sont complexes. Si elle veut m'éliminer, cela va être le bazar.

Il reste silencieux, alors j'insiste :

Si tu la laisses faire, la situation devient désastreuse pour moi évidemment, mais aussi pour le projet et pour ta Direction.

Je ne rajoute pas :…. et aussi pour toi ! Mais il a bien compris le message.

Il avance à nouveau. Visiblement il cherche ses mots. Ce qui est assez inhabituel pour lui.

Si elle a besoin de ma place pour quelqu'un d'autre, elle s'y prend à l'envers. Elle devrait s'assurer de ma coopération et puis m'évincer en douce. D'ailleurs on pourrait trouver un arrangement, car tu sais bien que je veux évoluer. Je travaille dans ce poste depuis quatre ans et cela me ferait du bien de voir d'autres horizons. Si une guerre de tranchées s'installe, ce n'est bon pour personne.

Le directeur s'arrête à nouveau.

Le directeur de l'international

Écoute, Guillaume. Ta nouvelle chef, ce n'est pas moi qui l'ai choisie. Elle m'a été imposée.

Guillaume

Je vois qu'il ne veut pas en dire plus. Je le pousse un peu plus dans ses retranchements :
Tu es le patron de l'international. Tu te dois d'agir !

Le directeur de l'international

Elle est au même rang hiérarchique que moi. Je n'ai pas autorité sur elle !

Guillaume

Je suis doublement surpris de son assertion. Ce directeur est très jaloux de ses prérogatives. Il n'a pas pu éviter d'être affublé d'une Directrice au même rang que lui. Et puis c'est un guerrier. Être ainsi résigné me stupéfie.
Tu vas laisser faire ?

Le directeur de l'international

Comprends bien ceci : je ne peux rien faire pour toi. Rien.

Guillaume

Je suis décontenancé.
Nous arrivons à sa voiture. Il s'installe au volant, met le contact. Il ouvre sa fenêtre et ajoute :

Le directeur de l'international

Je ne bougerai pas le petit doigt pour toi. Je te fais une confidence : je m'en méfie comme de la peste. Fais-en autant.

Guillaume
(acquiesçant de la tête)

Qu'est-ce que tu me conseilles ?

Le directeur de l'international

Pars sur un autre poste. Le plus vite possible. Débrouille-toi. Pars. Mets-toi hors de portée d'elle.

Guillaume

Il me fait signe de la main et démarre en trombe.
Je reste les bras ballants.

■ 4 LE MARI DE CAMERINE

Guillaume

J'ai très mal dormi. Pour la première fois depuis des années des pensées négatives m'ont envahi. L'incompréhension de la situation et l'intuition que cela ne va pas être simple m'ont travaillé toute la nuit. C'est une situation nouvelle à laquelle je ne suis pas préparé. Nous sommes dans l'absurde. De plus ce conflit est tellement éloigné de mon mode de fonctionnement. J'ai toujours tenu à valoriser mes propres collaborateurs. Les associer, les consulter, les écouter et les respecter.

Que Camerine veuille sans raison, et même contre toute raison, m'éliminer, m'est vraiment une grande interrogation.

Moi qui arbore toujours un grand sourire, je fais grise mine ce matin. Aujourd'hui, j'ai pris le train et le métro pour venir au travail. Les gens croisés m'ont paru encore plus tristes que d'habitude. Peut-être ont-ils aussi un supérieur qui leur en fait baver ?

Mon épouse attend un bébé et cette pensée me réchauffe le cœur. Je serai père dans quelques mois !

En approchant du bâtiment où je travaille, j'ai un pincement au cœur. Je ne suis pas aussi enthousiaste que d'habitude pour prendre mon service.

À peine arrivé et installé dans mon bureau, je vois apparaître la tête bien sympathique de mon ami Patrick.

Tout de suite, ça va mieux.

Je le mets au courant de mes relations avec ma nouvelle chef.

Patrick semble consterné :

Patrick

Il va falloir que tu fasses attention, très attention. Tu sais qui c'est Camerine?

Guillaume

Je ne peux m'empêcher de sourire. Patrick est terrible. Il connaît tellement de gens. Il connaît par cœur les CV de tous les grands chefs, tous les projets d'organisation de l'entreprise. Il sait faire parler les gens et collecter les informations croustillantes. Il est au courant de toutes les rumeurs, de tous les potins.
Comme je ne réponds pas. Il m'interroge à nouveau :

Patrick

Camerine a gardé son nom de jeune fille, mais sais — tu avec qui elle est mariée ?

Guillaume

Aucune idée.

Patrick

Elle est mariée avec… Tu ne devines pas ?

Guillaume

Sacré Patrick, il fait durer le suspense.

Patrick

… Je te donne un indice. Elle est mariée avec un grand commis de l'État.

Guillaume

Non je ne vois pas.

Patrick

Un politicien de premier plan…

Guillaume

Je n'en ai aucune idée. Arrête de me faire marcher. Qui est-ce ?
Patrick me souffle un nom.
Ce n'est pas possible. Tu me fais marcher.

Patrick

Désolé. C'est la vérité. Une réalité qui ne fait pas tes affaires.

Guillaume

Ça non !

Patrick

Un des hommes politiques bien en vue depuis une vingtaine d'années, au plus haut sommet de l'État.

C'est un homme de pouvoir. Un des hommes les plus influents de la vie politique et économique de la France d'aujourd'hui.

Guillaume

Le ciel me tombe sur la tête. Mon entreprise est sous tutelle de l'État. Les nominations du Président et des Directeurs généraux sont prises en Conseil des Ministres. Je réalise instantanément le piège dans lequel je me trouve.

Je suis dans le collimateur d'une folle, parachutée, pistonnée. Une folle protégée au plus haut niveau de l'État !

ACTE II

LES ATTAQUES

■ 5 BUREAU MENACÉ

Guillaume

Ah, ce n'est pas vrai !

Je viens de recevoir un mail. Son contenu me déplait au possible. Il ne provient pas directement de Camerine, mais de sa secrétaire. J'en suis d'autant plus vexé. Sa secrétaire est un dragon. Elle n'a aucun état d'âme, aucune humanité. Le dialogue n'est pas possible avec elle. Elle est très proche de sa chef et elles forment ainsi un duo d'enfer.

Le mail m'indique qu'étant souvent à l'extérieur, en déplacement dans différents pays d'Europe, par manque de place et pour les nécessités du service, je dois partager mon bureau avec un nouvel arrivant.

L'attaque est nette. Disposer d'un bureau à soi est dans mon entreprise une reconnaissance de son rang hiérarchique. Les places étant limitées, seules les personnes d'un rang suffisant disposent d'un bureau individuel. Je comprends immédiatement la portée symbolique de ce geste vis-à-vis de mes collègues. C'est un déclassement de fait !

Je ne peux pas laisser passer cela. Je devine aisément que ce ne serait qu'une première étape.

Je décide de parler directement à Camerine.

La secrétaire de Camerine n'a pas desserré les dents. Même pas un bonjour. Elle m'introduit dans le bureau de sa chef dès mon arrivée. L'ambiance est glaciale.

J'essaie de paraître décontracté, mais je sais que je joue gros.

Camerine est au téléphone et me lance un regard peu amène. Par politesse, j'attends quelques secondes son invitation à prendre place, mais elle se fait attendre. Je ne vais tout de même pas rester planté devant elle, les bras ballants. Aussi je tire un fauteuil devant sa table de travail et je m'assois d'un air aussi dégagé que possible.

Je croise son regard et je saisis aussitôt qu'elle en est ulcérée. Elle avait prévu de m'humilier en me gardant debout de longues minutes. J'ai bien fait de m'asseoir : la conversation téléphonique de Camerine se prolonge. Je l'observe discrètement. Camerine est dynamique et directe. Elle parle sans fioritures et sans détour. C'est vrai qu'en ce qui me concerne, elle ne pouvait pas être plus claire et directe sur le sort qu'elle me réserve !

Avec son interlocuteur au téléphone, son langage est précis et concis. Elle n'a pas le ton sec et péremptoire qu'elle utilise avec moi et j'en viens même à penser que c'est une femme qui peut se montrer sympathique et même enjôleuse. Elle minaude un peu avec son correspondant. Serait-elle double ? Cette interrogation me traverse l'esprit. Ce n'est pas la même femme qui hurlait dans mon bureau et qui voulait me faire la peau. Là, sa voix est douce et posée.

Aurait-elle des troubles de la personnalité ?

Lors de notre première rencontre, j'avais pensé qu'elle souffrait de troubles psychomoteurs. En fait non, ses gestes sont parfaitement coordonnés. Son langage précis. Ce n'est quand même pas moi qui l'avais mise dans cet état ? Ou alors c'est grave pour moi…

Elle semble ne prêter aucune attention à sa façon de s'habiller. Je ne suis personnellement pas très sensible à l'art vestimentaire, mais dans son cas, soit elle a mauvais goût, soit elle cherche à se détacher volontairement de l'imagerie féminine traditionnelle. Un pantalon trop large, un chemisier sans tenue. Elle ne se maquille pas non plus. C'est étrange : Camerine présente un mélange peu ordinaire de féminité et de masculinité. Elle a une silhouette féminine. Elle est même bien « fichue » comme dirait mon copain Patrick, mais en même temps ses gestes sont lourds et disgracieux. Elle a un côté cow-boy.

De temps en temps, elle me glisse un regard furtif. Son regard me glace profondément. Ses yeux noirs me gênent terriblement. Ils recèlent de la folie. Cette femme est mal dans sa peau. Tout en elle révèle une attitude tragique vis-à-vis de la vie.

Je ne m'y connais pas en neurologie ni en psychiatrie, mais mon intuition me l'affirme : elle me semble souffrir d'un déséquilibre profond.

Camerine raccroche enfin le combiné.

Camerine
(en s'emparant d'un dossier devant elle)

J'en ai pour quelques minutes

Guillaume

Faites donc. Cela semble important.

Camerine perçoit l'ironie de mon propos.

Elle reste coite et farfouille dans son dossier. Je pense qu'elle se fiche de moi.

Je saisis mon téléphone portable et pour me donner une contenance et pour montrer que mon temps aussi est précieux, je me mets à rédiger un sms.

Camerine se lève pour ranger son dossier. Elle traverse son bureau. Elle adopte alors une attitude qui me surprend profondément : elle me tourne le dos, pose son dossier à même le sol pour classer quelques feuilles éparses dedans. Cette attitude a pour conséquence qu'elle me présente son postérieur. J'essaie d'interpréter la situation. Est-ce que cette position incongrue est à mettre sur le côté sans-façon de Camerine ou bien cherche-t-elle à me séduire en s'y prenant de cette façon aussi évocatrice et vulgaire ?

Je préfère croire qu'elle est tellement absorbée par son dossier qu'elle en oublie les convenances habituelles.

La scène me paraît dérangeante, grotesque et je détourne mon regard. Je m'absorbe dans l'envoi de mon sms.

Au bout de quelques instants, sa voix courroucée retentit :

Camerine

Alors, vous avez fini avec votre mobile !

Guillaume

Vraiment elle exagère :
Je vous attends depuis un bon quart d'heure, Madame

Camerine

Alors, vous avez demandé à me voir ?

Guillaume

En effet et je vous remercie de me recevoir.

Camerine

Pas de fioritures. Que voulez-vous ?

Guillaume

Je ne vais pas faire dans la nuance, car je sens qu'elle est capable de m'expulser dans quelques secondes. Madame, je souhaite revenir sur la conversation que nous avons eue dans mon bureau. J'ose espérer que vous vous êtes renseignée sur mon compte et que vous avez évolué dans votre opinion de moi et de mes compétences.

Camerine

Guillaume...

Guillaume

Elle m'appelle par mon prénom. J'ai un petit espoir…

Camerine

– … vous perdez votre temps. Vous me faites perdre aussi le mien ce qui est plus grave. Je veux que vous arrêtiez toute votre activité en Pologne et dans tous les autres pays d'Europe.

Guillaume

Il n'en est pas question. J'aime mon travail et je le fais bien.
Je me lève et me campe bien devant elle. Je fais une bonne tête de plus qu'elle et je la voie reculer instinc-

tivement de quelques centimètres. Elle ne se démonte pas pour autant :

Camerine

C'est moi la Chef. C'est moi qui décide.
Je suis venu en espérant une normalisation de nos relations. Je me heurte à un bloc de béton. Je me lance et tente de l'ébranler :
L'affaire polonaise est bien engagée et représente plusieurs centaines de millions d'euros pour l'entreprise. Si vous me débarquez, elle va en prendre un coup. Vous pourrez bien mettre un nouveau pour me remplacer, mais il lui faudra quelques semaines, voire plus, pour être opérationnel et nos partenaires sont très pressés.

Camerine

Je m'en fous complètement. Je ne veux pas que vous vous occupiez de la Pologne. Ce dossier est terminé pour vous. Je vous interdis de vous en occuper.

Guillaume

Je tire ma dernière cartouche
Je me doute bien que je vais perdre beaucoup dans ce conflit, mais vous non plus, vous n'avez rien à y gagner. Sachez bien que je ne vais pas me laisser faire... Nous serons perdants, tous les deux...

Camerine
(avec un ricanement sarcastique)

C'est ce qu'on va voir ! Sortez maintenant !

Guillaume

Compte tenu de ce que j'ai entendu, je reste étonnamment calme. Certainement parce que je ne réalise pas vraiment la réalité et la gravité de ce que je vis, mais surtout parce que son comportement m'est complètement étranger et hermétique. Moi je n'aime pas le conflit. J'aime associer les gens à la construction d'un projet. Je suis pour le respect, le dialogue, la confiance, la responsabilisation, la valorisation des compétences.
Si vous souhaitez me parler, vous savez où je suis.
Arrivé au seuil de sa porte, il me revient le motif de ma demande d'entretien :
Et mon bureau, au fait… ne vous avisez pas d'y mettre quelqu'un d'autre !
Je ne peux pas m'empêcher de claquer bruyamment la porte de son bureau et de marmonner :
Quelle conne !

■ 6 INCOMPÉTENCE NOTOIRE DE CAMERINE

Guillaume

Bien que Camerine ait fait l'ENA, son incompétence est notoire. Je me suis empressé de me renseigner auprès de personnes qui l'avaient connue dans ses emplois précédents. Son dernier poste en particulier s'était très mal passé. Elle est très bureaucrate. Elle est réputée pour mettre en place des procédures administratives toujours très complexes qui annihilent en fait toute initiative et tout esprit d'entreprise des équipes.

Je redoute que notre direction internationale et les négociations en cours en pâtissent avec son profil de comptable ou de contrôleur de gestion.

Apparemment, elle excelle à mettre en place des systèmes de reporting très lourds et inadaptés. Les gens passent alors leur temps dans leur bureau pour répondre à ses questions et ne vont plus voir les clients et partenaires ! Ils sont jugés plus sur leur flagornerie et leur allégeance que sur leurs résultats. Dans son entreprise précédente, certains l'avaient vite compris et étaient partis. Ceux qui étaient restés avec elle ont beaucoup souffert. Les cadres et agents de maîtrise restés sous son autorité en gardent un souvenir douloureux. En quelques mois, elle a détruit l'activité de son service. Cela s'est achevé par des licenciements. Son service a été supprimé. Elle, elle a sauvé sa peau. Elle a été transférée dans une fonction sans commandement ni responsabilité et où elle a passé quelques années confortables, en étant bien payée, voiture et logement de fonction et avec de nombreux voyages tout autour de la planète.

Dans ce constat désolant, par contre, il ne m'a pas été relaté qu'elle se soit employée à vouloir détruire une personne en particulier. Je suis le premier ! Je m'en serais bien passé !

Quelques jours après, je suis encore énervé par notre dernier entretien. Cette femme n'est pas rationnelle ! Nous pourrions pourtant arriver facilement à un arrangement. Elle pourrait me laisser quelques mois pour avancer mes dossiers et passer tranquillement le relais à un collègue qui prendrait connaissance des dossiers en profondeur et que je pourrais présenter à tous les partenaires. Ce schéma serait intéressant pour elle, pour le service et aussi pour moi, car alors je chercherais sereinement un nouveau poste.

Au lieu de cela, nous nous dirigeons tout droit vers une bagarre publique et destructrice. J'en serai évidemment la première victime. Je connais trop en effet mon entreprise et son système pyramidal de pensée. Les chefs ont toujours raison. Le système se protège bien comme cela et assure sa cohérence et sa pérennité. Mais malgré cette loi gravée dans le marbre, je sais aussi que des solutions intelligentes sont parfois recherchées et que le chef peut parfois être désavoué. Mais cela se fait toujours très discrètement.

J'ai bien la ferme intention de ne pas me laisser faire et de la faire plonger avec moi. J'ai besoin d'en parler. Je me rends dans le bureau de Patrick.

J'ai partagé le même bureau avec Patrick pendant quelques années. C'est un ingénieur, plus tourné que moi vers la technique. Je garde un excellent souvenir de cette époque. C'est devenu un ami proche. Outre les discussions professionnelles que nous avions, beaucoup de choses nous ont rapprochés : il aime le sport et l'art. Il est ceinture noire de judo et entraine des jeunes à ce sport exigeant. Il me montrait quelques prises de temps en temps. Nous fermions la porte du bureau et nous répétions quelques exercices. Il joue aussi du piano. Je le trouve remarquable. Moi qui ne joue d'aucun instrument, je l'écoute jouer des heures sans partition. Il me demande un titre de chanson et l'interprète aussitôt. De temps en temps, nous allons dans des cabarets avec quelques amis et il demande à jouer. J'ai souvent vu le musicien attitré du cabaret faire la tête quand le public demandait à Patrick de continuer à jouer, lui donnant sa préférence.

Je le vois régulièrement hors bureau et il m'invite souvent faire de la plongée en apnée au large de l'île de Ré. Il est capable de rester plusieurs heures en mer, à plonger, remonter, attraper des poissons. Un type sain, polyvalent.

Patrick

Tu as donc besoin de te changer les idées ?

Guillaume

Sa question me ramène à la dure réalité.
Oui. J'ai de gros problèmes avec ma nouvelle chef.

Patrick

Je l'ai vue avant hier. Elle a pourtant l'air plutôt sympathique et assez belle femme.

Guillaume

Je suis d'accord, mais avec moi, le courant ne passe pas du tout. C'est peu de le dire ! Elle m'est entrée dedans à notre première entrevue. Elle ne me supporte pas. J'ai tenté de la raisonner. Rien n'y fait.
Je lui raconte le déroulement de l'entretien. Pour rompre un peu la gravité du récit que j'en fais et comme nous sommes entre hommes, j'évoque la position incongrue de Camerine, s'affairant à ses dossiers et mettant ainsi son postérieur bien en évidence ;

Patrick
(éclatant de rire)

Elle a voulu t'allumer !

Guillaume

Je n'en suis pas sûr !

Patrick

Tu ne t'en es pas rendu compte ! Qu'est-ce que tu as fait ?

Guillaume

Rien. Que voulais-tu que je fasse ? J'ai continué à essayer de la raisonner...

Patrick

Tu n'es pas entré dans son jeu, même un tout petit peu ?

Guillaume

Pas du tout, non.

Patrick
(avec une mine préoccupée)

Ce n'est pas bon, tout ça. Amour et haine sont parfois très proches. Elle t'a pris en grippe dès le début, probablement parce que tu lui rappelles quelqu'un. Tu incarnes peut-être le type d'homme par qui elle est attirée et en même temps qu'elle abhorre !

Guillaume

Ça ne tient pas debout.

Patrick

Tu l'attires et en même temps elle a certainement un compte à régler avec la gente masculine et elle s'en prend à toi parce qu'à ses yeux tu en es le représentant. Si c'est le cas, tu es mal barré.

Guillaume

Ça, je m'en doute

Patrick
(imperturbable)

… si elle a cherché à te séduire, même maladroitement et que tu n'as rien vu, et même pire, si elle a compris que tu ne t'intéresses pas du tout à elle, il est fort probable qu'elle va réagir encore plus mal. En femme vexée. Ce sont les pires. Attention

Guillaume

Je n'y comprends rien. Je ne lui ai rien fait à cette femme.

Patrick

Justement !

Guillaume

C'est de la psychologie de pacotille. Tu te trompes !

Patrick
(sinistre)

Espérons-le !

■ 7 LA CHAMBRE DE COMMERCE POLONAISE EN FRANCE

Guillaume

J'observe avec une certaine appréhension l'évolution de mes collègues de mon service. Ils sont très sensibles évidemment à la notion de pouvoir. Le fait que Camerine arrive avec une position aussi élevée que notre directeur attise leur côté courtisan. C'est une réaction humaine très répandue, très logique et malheureusement très efficace.

Depuis quelques semaines, j'ai vu des comportements obséquieux, intéressés, se mettre en place. L'hostilité de Camerine à mon égard est connue de tous désormais. Elle ne se prive pas de leur passer le message lors de rencontres individuelles ou de réunions d'équipe.

Camerine vient de lancer des réunions hebdomadaires avec chaque responsable de secteur. Sans moi !

J'en veux à mes homologues, responsables eux aussi d'une zone géographique, de ne pas m'avoir alerté sur ce point. L'information que le mari de Camerine est un des plus hauts responsables de l'État et que son emprise sur notre entreprise publique est immense fait le tour des couloirs de notre siège à la vitesse de l'éclair.

Mes collègues se sont transformés pour la plupart en courtisans. Et ceci en l'espace de quelques jours seulement !

Tous connaissent suffisamment les rouages de notre entreprise pour avoir tout de suite compris que même incompétente, le pouvoir était aux mains de Camerine.

Je commence à sentir mes homologues et collègues prendre un peu de distance. Ils me saluent, mais nos conversations se font plus rares et plus courtes.

Camerine n'est pas très relationnelle et demeure le plus souvent dans son bureau. Je reste informée grâce notamment à la machine à café. Mes homologues et collègues aiment bien me questionner et me solliciter sur mes dossiers, car j'ai acquis une grande expérience de la négociation internationale.

Heureusement pour moi il y a le dossier polonais.

Le projet a profité d'un lancement exceptionnel. Il est excellent et se met bien en place. Grâce à ce dossier, je suis au cœur de toutes les étapes d'une acquisition majeure : offre non liante, offre liante, négociation exclusive, pacte d'actionnaires, négociation sociale... etc.

C'est une des rares affaires abouties de rachat de société pour mon entreprise et mon expérience est très importante pour mes collègues à qui j'ouvre mes dossiers pour qu'ils approfondissent leurs connaissances dans les acquisitions de sociétés, en espérant des jours meilleurs.

À l'extérieur de l'entreprise, mon travail en Pologne est reconnu et apprécié. La Chambre de Commerce Polonaise regroupe les sociétés qui œuvrent en relation avec la Pologne. Je participe à des conférences, des débats, des expositions qui permettent aux acteurs économiques de se rencontrer. La Chambre de Commerce Polonaise est animée par deux femmes extraordinaires de vivacité et d'humanité.

La Secrétaire est très vive, tout le temps sur le pont, à lancer des initiatives, à tester de nouvelles idées. Elle est polonaise et aime son pays. Elle aime les gens et s'évertue à encourager tous les projets favorables au développement de son pays. Son esprit constructeur, positif et sain, me plait énormément et nous nous entendons très bien.

La Présidente est une femme magnifique. Elle est architecte de métier. C'est une bâtisseuse. Elle brille d'un grand éclat lors des réunions publiques. Dès le premier regard, j'ai été admiratif de son rayonnement, de son intelligence, de son sens du contact. Elle est très belle en plus ! Avec une longue chevelure. Elle contraste terriblement avec mes interlocuteurs habituels qui sont la plupart du temps des hommes aux costumes sombres, aux allures de technocrates. La voir, l'entendre parler est un régal. Son amour de la Pologne est immense.

Elle apprécie mon travail pour la Pologne. Aussi quand ces deux femmes me proposent de prendre, au titre de mon entreprise, un poste bénévole d'administrateur pour contribuer au développement de la coopération entre la Pologne et la France, j'en suis très heureux. La demande officielle a été adressée au Directeur Général de ma société,

Je me fais une joie de pouvoir apporter un peu de mes compétences et de ma motivation à cet organisme. Je retrouve un peu le sourire. Mon sourire se glace quand je croise Camerine dans le grand hall d'accueil. Elle me fonce dessus. Que va-t-elle bien me sortir encore, celle — là ?

Camerine

Vous avez encore voulu jouer au malin !

Guillaume

Ah bon ? À propos de quoi ?

Camerine

Le Directeur Général a reçu une lettre de la Chambre de Commerce Polonaise. Je ne peux pas croire que vous n'étiez pas au courant. Vous auriez pu m'en parler.
Elle marque un point. C'est vrai qu'en temps normal, j'aurais tout de suite sensibilisé mon chef direct. Mais là je ne suis pas du tout en confiance avec elle. Je me méfie d'elle comme de la peste. Son but est de m'enlever le dossier polonais. Je n'allais tout de même pas lui demander l'autorisation d'adhérer à titre bénévole à un organisme économique important de la vie polonaise. Je sais que si je lui en avais parlé auparavant elle se serait ingéniée à me mettre des bâtons dans les roues et à me savonner la planche auprès du Directeur Général.

Guillaume

J'ai pensé que cela ne vous aurait pas intéressée

Camerine

Détrompez-vous. Cela m'intéresse au plus haut point. Le Directeur Général a suivi le circuit hiérarchique, descendant.
(Elle insiste sur ce mot).
Il m'a transmis la lettre de la Chambre de Commerce Polonaise pour préparer la réponse.
La voici !

Guillaume

Camerine me donne copie de la lettre qu'elle a envoyée et, sans plus attendre, s'éloigne à grandes enjambées.

Je prends connaissance de la lettre. Quelques lignes hâtivement rédigées, très impolies vis-à-vis d'une présidente d'Association de ce niveau.

Camerine écrit que l'entreprise ne pouvait pas me donner l'autorisation de la représenter, car j'allais bientôt changer de poste et ne plus m'occuper de la Pologne.

Je serre les poings de rage. Je suis très en colère. Je ne repasse pas par mon bureau. Je file directement au huitième étage. Je demande à voir le Directeur Général.

Sa secrétaire est une femme très distinguée et très professionnelle. Nous nous apprécions. Je lui montre la lettre envoyée par Camerine. Elle fait une grimace en la lisant.

C'est une insulte qui m'est faite, mais aussi à la Chambre Polonaise. Je demande à voir le Directeur Général.

La secrétaire

Il est pris en réunion toute la journée.

Guillaume

Je jette un regard rapide dans son bureau qui jouxte celui de sa secrétaire et effectivement il est vide.

Je repasse ce soir.

La secrétaire

Essayez vers 19 h.

Guillaume

Très bien. Merci

(Guillaume réfléchit en marchant en cercles)

De longues heures me séparent de cette rencontre décisive. Je prépare mes arguments. La faute de Camerine est grossière. C'est sur mes qualités, mes compétences et mon amour de la Pologne que la Chambre Franco-Polonaise souhaite me voir les rejoindre. Cela serait très utile pour mon entreprise, pour son image, dans nos contacts avec les milieux d'affaires polonais et aussi les élus polonais.

Cette lettre est un contresens. Une véritable ignominie par rapport à mon travail. C'est aussi une claque donnée à la Présidente. Je risque de perdre tout crédit vis-à-vis de la Chambre Polonaise qui ne va pas comprendre pourquoi je ne leur avais pas dit que j'allais quitter mon poste.

À 19 heures exactes, je suis à nouveau dans le bureau de la secrétaire.

La secrétaire
(d'un air gêné)

Le Directeur général ne peut pas vous recevoir. Il est parti au Ministère du Budget.

(Guillaume reste silencieux)

Guillaume, je vous conseille de lui préparer plutôt un message. C'est mieux…

Guillaume

D'accord. Vous m'avez toujours été de bon conseil. Je prépare un mot à son attention. Je vous le dépose sur votre bureau ce soir. Si vous êtes partie, vous le trouverez demain matin pour le Directeur Général.

À 20 h 30 je dépose sur son bureau une lettre où j'exprime mon indignation.

Je rentre chez moi, mais je n'arrive pas à me détendre.

■8 CAMERINE ET LE DIRECTEUR GÉNÉRAL

Guillaume

Je n'ai toujours pas de réponse à mon message envoyé au directeur général. J'hésite sur la conduite à tenir. Je pourrais envoyer un écrit de relance. En fait, j'ai tout dit sur mon message précédent. J'ai clamé haut et fort mon indignation. Je pourrais demander un entretien, exiger des explications, exprimer mon dégoût du sale coup qui m'a été fait. Je pourrais attendre quelques jours. Peut-être a-t-il besoin de mener sa petite enquête ? J'hésite sur la conduite à tenir.
Le Directeur Général a eu une carrière remarquable. Il bénéficie d'appuis politiques très hauts placés. Occuper un poste aussi en vue que le sien suppose effectivement d'être protégé et appuyé au plus haut niveau de l'État. Il y a décidément beaucoup de pistonnés au siège social. À l'international, un polytechnicien vient d'être nommé, il est notoirement un protégé du Premier Ministre. C'est une calamité. Il est certainement très bon en mathématiques, pour résoudre des problèmes de chiffres en milieu fermé, mais il a une incapacité sociale incroyable. Il est incapable de parler aux gens. Il ne communique que par courrier ou courrier électronique et envoie sa secrétaire porter les messages qu'il est incapable de passer lui-même. Il a une peur maladive du contact. Il évite au possible de serrer une main. Cela jette de sacrés froids avec les clients et partenaires.

Dans un couloir pour éviter de saluer toute personne qu'il croise, il regarde ostensiblement du côté du mur ! Le Directeur Général, même s'il bénéficie d'appuis bien placés, est un être remarquable d'intelligence et d'humanité. Il a la grande classe et s'intéresse aux gens, à leur vie, leurs projets. Dans la mesure du possible et à ce niveau de responsabilité, c'est un homme juste et honnête. Mais c'est évidemment un homme du système. En cela, il est très prudent et sa longévité est le fait de ses qualités de diplomatie et de prudence, notamment vis-à-vis du pouvoir politique.

Je ne l'ai vu qu'à de rares occasions, mais je l'estime beaucoup et je crois qu'il m'apprécie aussi pour mon travail et ma personnalité.

C'est un homme ouvert, progressiste, aimant l'harmonie et le travail. C'est pourquoi je fonde beaucoup d'espoir sur sa réaction.

J'opte pour la solution d'aller aux nouvelles auprès de sa secrétaire.

Guillaume

Vous avez du nouveau ?

La secrétaire

Je n'ai pas de réponse à vous communiquer. Je pense qu'il n'y en aura pas.

Guillaume

Je voudrais le voir quelques minutes.

La secrétaire

Je ne vous le conseille pas. Vous allez l'indisposer. Pour rien. Il a bien compris la situation.

Guillaume

Comprendre est une chose. Agir en est une autre.

La secrétaire

Il n'y a pas vraiment de solution pour l'instant. Soyez patient. Patient et méfiant !

■ 9 PLEURS ET SURPRISE

Guillaume

Pour la première fois de ma vie, avec Camerine, je suis confronté à des événements, une agressivité, qui me dépassent.

J'ai bien sûr expérimenté de nombreuses situations de jalousie, de mesquinerie, de chausse-trappes. Mais ce que je vis en ce moment m'est par trop étranger. À la première rencontre, haïr une personne, vouloir la détruire m'est inconcevable !

On peut se mettre à haïr quelqu'un qui vous fait des entourloupes, vous envoie des méchancetés à la tête. La haine peut se construire avec le temps. Mais haïr une personne au premier regard, cela me dépasse complètement.

J'espère que le Directeur Général est intervenu et que Camerine va modifier son comportement vis-à-vis de moi.

Pour en avoir le cœur net, j'essaie de la voir. Elle m'évite depuis quelques jours. Elle refuse toutes mes demandes de rendez-vous. Sa secrétaire fait barrage. En toute logique nous devrions aboutir à un accord. Un modus vivendi rationnel et profitable à nous deux. Qu'elle me laisse tranquille et que nous normalisions enfin nos relations !

J'ai attendu jusqu'au soir. Je suis décidé à forcer sa porte pour la voir. Il est près de vingt heures. Il n'y plus un chat ni dans les couloirs ni dans les bureaux. Même

les gens qui s'occupent du ménage sont partis. Je sais que Camerine est là. Je frappe à sa porte trois coups légers. Le cœur battant j'attends que Camerine me fasse entrer. Quelques secondes passent. Je frappe plus fort. La porte s'ouvre et la tête de Camerine apparaît dans l'embrasure. Je lis la stupéfaction sur son visage.
Elle me regarde de la tête au pied. Son visage est hostile.

Camerine

Qu'est-ce que vous foutez là ?

Guillaume

Quel langage ! Pour une énarque quand même ! J'ai toujours été surpris par sa façon de s'exprimer, familière, voire même vulgaire. De même son orthographe et sa maîtrise de la grammaire me laissent pantois. Beaucoup de fautes émaillent ses écrits. Un manque d'attention pour ses interlocuteurs : elle ne prend pas la peine de se relire jugeant probablement que ses lecteurs ne sont pas dignes de cet effort...
Je ne me laisse pas impressionner par son accueil. J'entre en force dans son bureau. Je suis dans la place bien résolu à vider mon sac et obtenir satisfaction.
Camerine me repose sa question ;

Camerine

Qu'est-ce que vous voulez ?

Guillaume

Vous parler, bien sûr.

Camerine

Vous parlez trop, Guillaume.

Guillaume

Qu'entendez-vous par là ?

Camerine

Le Directeur Général, vous lui avez raconté des histoires sur moi.

Guillaume

Pas des histoires, l'exacte réalité. Je n'ai pas accepté comment vous m'avez traité vis-à-vis de la Chambre de Commerce polonaise en France. C'était inadmissible.

Camerine
(Camerine soupire profondément. Sa voix devient plus douce)

Vous savez, j'ai beaucoup de travail. Je n'arrête pas, c'est terrible. J'ai trop de dossiers. C'est lourd, très lourd.

Guillaume

À mon tour d'être stupéfait. Que se passe-t-il dans sa tête ? C'est la première fois que je perçois une once d'humanité chez cette femme.

Ma gentillesse revient à la surface au grand galop. Je tente un timide réconfort :
Ça va aller mieux. Vous êtes en fonction depuis peu de temps. Vous allez vous y habituer.
Camerine fait un pas vers moi :

Camerine

J'ai du souci, trop de soucis. Je ne sais pas si je vais y arriver.

Guillaume

Là, je me sens mal. Ma chef est sur le point de craquer. Je ne sais pas quoi dire. Je suis extrêmement gêné. En toute sincérité, je lui propose mon aide :
Vous savez, je peux vous aider. Les dossiers, nous pouvons en parler. Je peux vous les expliquer. Si vous avez besoin de quelque chose, vous pouvez me le demander. Je serais heureux de vous soutenir.
Camerine s'approche encore. Elle est à seulement quelques centimètres de moi. Je suis désorienté. L'ambiance est surnaturelle. La nuit environnante, le faible éclairage des locaux renforce cette impression d'irréalité. Cette femme, insensible, fonceuse et destructrice, ce dragon, a des faiblesses. Quel renversement !
La situation est complètement inattendue pour moi. Je suis venu décidé à batailler ferme. À me disputer, à défendre mes droits et ma position. Et là, cette femme cherche du réconfort.
Mon cerveau est gelé. Je ne sais pas quoi faire.

Camerine
(murmurant tendrement)

Guillaume, ce serait si bien que nous puissions être plus proches.

Guillaume

Camerine a changé de tête. Ce n'est plus la patronne autoritaire, cynique, glaciale.
Elle se veut décontractée, séduisante ! Elle est double.
Elle change de personnalité en quelques secondes. Je ne peux pas m'empêcher de reculer d'un pas. Elle s'approche et d'une voix qu'elle veut douce, mais qui m'écorche les oreilles et me serre le cœur, elle me dit :

Camerine

Je me tiens informée sur ce que vous faites, sur ce que vous devenez.
Vous savez, je tiens à vous, beaucoup !

Guillaume

Ce n'est pas vrai. Elle va se coller contre moi. Elle ne va pas tout de même pas m'embrasser !
Je la regarde, désemparé. Je ne la comprends pas. Elle est folle ! Je vois Camerine qui se décompose.
Elle pleure !

Camerine

Guillaume…

Guillaume

Très vite, pour l'interrompre, je lance n'importe quoi :
Madame, vous pouvez compter sur moi pour vous aider
dans les dossiers. Je vous souhaite tout le courage
possible.
Je ne sais pas quoi faire. Je lui tends la main. Elle me la
serre machinalement. La surprise se lit dans ses yeux.
Je m'enfuis à grandes enjambées.

■ 10 ENTRETIEN ANNUEL D'ÉVALUATION

Guillaume

Je dois voir Camerine dans le cadre de l'entretien annuel d'évaluation. C'est un rendez-vous formel. Une procédure obligatoire. Je n'ai pas du tout envie d'y aller, mais cela me fera l'occasion de savoir si Camerine a évolué vis-à-vis de moi. Au fond du cœur, j'ai bien encore espoir de normaliser nos relations. Son armure s'est fendue l'autre soir. Dans quel état d'esprit est-elle ? J'appréhende…
J'ai bien préparé cet entretien comme à l'accoutumée. J'ai rédigé un bilan de mes activités et mes souhaits pour l'avenir que je lui ai fait parvenir à l'avance pour qu'elle en prenne connaissance. Lorsque je prends place en face d'elle, je suis bien concentré.
Elle me reçoit glaciale.

Camerine

Ah, c'est vous. Prenez place.
Nous avons un exercice à faire en commun. En une vingtaine de minutes, nous arriverons à son terme.

Guillaume

Je souris. Elle s'en rend compte. Une pensée vient de me traverser l'esprit. Je l'imagine avec son mari, lui dire la même chose avant de faire l'amour. Dans vingt minutes ce doit être fini, chéri. Elle est sur le point de me demander ce qui me fait sourire et se ravise.

Camerine

Voilà, nous avons ces deux pages à remplir.

Guillaume

Je retrouve instantanément tout mon sérieux :
Pour gagner en efficacité, je vous ai fait parvenir, il y a quelques jours, un mémorandum sur mes activités et mes perspectives.
Elle lève les épaules et me jette :

Camerine

Si vous croyez que j'ai le temps de lire votre littérature !

Guillaume

Je blanchis sous l'attaque, mais je parviens à garder mon calme. Je lui rétorque :
Alors commençons l'exercice tout de suite.
Elle s'empare d'un stylo et commence à remplir les deux feuilles.

Camerine

Pour vos activités écoulées sur l'année, nous allons être succincts. Nous allons porter que vous avez travaillé sur l'Europe du Nord dans différents pays.

Guillaume

Tout à fait. Je souhaite que vous précisiez que j'y ai travaillé avec persévérance et avec succès.

Camerine

Ce n'est pas le passé qui m'intéresse, mais ce que je vais faire de vous.

Guillaume

Ce que vous allez faire de moi ? Madame, je ne suis pas votre chose !
C'est sorti instantanément. Elle est surprise et marque un temps de silence. Elle lève à nouveau les épaules. Elle me regarde droit dans les yeux.

Camerine

Guillaume, je vais être claire avec vous. Dorénavant, vous ne touchez plus un dossier de négociation. Votre objectif unique est de trouver un poste hors de l'international, hors de mon service. Consacrez tous vos efforts à cet objectif.

Guillaume

Madame, il n'en est pas question. Je continuerai mes dossiers.

Camerine

Je vais prévenir officiellement tous vos partenaires et contacts que vous n'êtes plus en charge de ces dossiers.

Guillaume

Vous ne pouvez pas faire cela. Vous n'en avez pas le droit !

Camerine

Vous pensez que cela me dérangera ?

Guillaume

Je continuerai mes dossiers et c'est notre service qui paraîtra ridicule. Et puis avec ce que vous me dites, je vois bien que je n'ai rien à perdre. Au contraire, j'ai tout intérêt à rester actif et à garder mes responsabilités.
Camerine est furieuse. Je la sens prête à exploser. À m'éjecter de son bureau. Elle respire bruyamment. Prête à foncer comme un bélier.
Elle soupire pour relâcher la pression. Elle prend une large inspiration et se gratte la nuque.
Je lui laisse le temps de la réflexion. Mais je garde l'initiative.
Quand je sens qu'elle s'est reprise, je lui demande :
Alors, qu'est-ce qu'on fait maintenant ?
Elle se lance :

Camerine

Voilà ce que je vous propose. Vous achevez vos dossiers de négociation proprement d'ici quelques semaines, voire quelques mois. Vous cherchez un nouveau poste. Je suis prête à vous financer un programme de coaching pour vous y aider.

Guillaume

Je réfléchis à toute allure. Camerine est en train de me proposer ce que je souhaite profondément. Partir en douceur et avec les honneurs. Pour l'histoire du coach, je n'en ai pas besoin pour trouver un nouveau job. En même temps, bénéficier d'un coaching est réservé aux individus qui ont un fort potentiel…

Vos propositions me conviennent.

En quelques minutes, nous rédigeons la fiche d'entretien.
Camerine la signe. Je la parcours. Je signe à mon tour.
Je ne peux pas m'empêcher de suspecter un piège.

■ 11 LA COACH

Guillaume

Les semaines ont passé. Notre bébé est né. C'est un magnifique garçon, plein de vie.

Une pluie matinale glaciale tombe sur la ville. Elle est accompagnée d'un vent pénétrant. J'avance, courbé dans la rue en essayant de me protéger des intempéries. Les gens, les immeubles, les gaz d'échappement se confondent dans un halo gris.

Je parviens au bas de l'immeuble de mon entreprise. Je m'y engouffre précipitamment, heureux de me retrouver à l'abri.

J'aperçois une petite dame qui secoue son parapluie. C'est mon coach, Patricia. Nous avons rendez-vous ce matin pour une séance de deux heures. Nous nous voyons une fois par semaine.

J'ai pris l'habitude de ces entretiens où nous préparons mon futur poste. J'y prends plaisir, car Patricia est une personne vive et réfléchie. Pour moi, à l'origine, c'était un exercice imposé pour complaire à Camerine, mais au fur et à mesure une sorte de complicité s'est installée avec mon coach. Je n'oublie pas qu'elle est une amie de fma chef. J'ai bien conscience que si je révèle des faiblesses, cela pourrait se retourner contre moi. Je fais donc très attention à ce que je dis. C'est un exercice difficile et dangereux à maîtriser dans la durée. Je veille en permanence à ne pas m'exposer, à ne pas me révéler trop.

À quelques occasions, Patricia m'a donné des conseils très pertinents et elle a joué franc-jeu dès le début. Elle ne m'a pas caché qu'elle lui fait des rapports réguliers sur nos travaux.

Elle me communique même les synthèses écrites qu'elle rédige à son attention. Patricia me semble donc très correcte. Nous échangeons sur beaucoup de sujets. Patricia m'a indiqué que Camerine, elle-même, avait beaucoup de soucis avec sa fille qui souhaitait partir au loin pour poursuivre des études, mais surtout pour fuir sa famille. J'ai appris ainsi que le ménage de Camerine allait très mal.

J'obtenais ainsi, sans le vouloir ni le chercher, quelques informations clés sur Camerine.

C'est l'anniversaire de Patricia et je l'ai invitée à déjeuner.

Le déjeuner est très plaisant. Patricia est une femme de petite taille. Elle compense cette apparence par une grande énergie. Elle a passé la quarantaine et cette maturité lui convient bien. Elle est pondérée. Elle a les pieds sur terre. Sa bonne humeur et son humanité me plaisent. Sa rationalité aussi. Elle prend la mesure de toute chose et est très pertinente dans ses analyses psychologiques et dans ses évaluations des situations. Elle a le sens de l'humour et aime bien dédramatiser les situations. À la fin du repas, bien arrosé, nous sommes en totale entente. Alors que nous attendons nos cafés, Patricia plante son regard dans le mien et baisse le ton de sa voix.

Elle me confie que Camerine suit mon cas de très près, de trop près selon elle. Camerine est son amie, mais elle n'arrive pas à comprendre qu'elle me suive avec autant d'attention. Elle m'explique que Camerine l'appelle le soir même de chacune de nos entrevues. Si Patricia est prise par ailleurs, elle peut même l'appeler après minuit !

Patricia me saisit l'avant-bras et s'incline vers moi pour me murmurer de bien faire attention.

Je suis parcouru par un immense frisson de la nuque aux pieds. Je suis sidéré par cette confidence et l'émotion qui submerge Patricia quand elle formule cette mise en garde.

Je lui demande si elle peut m'expliquer les raisons de ce comportement. Patricia m'avoue son impuissance à comprendre sa propre amie.

ACTE III

LA DESCENTE AUX ENFERS

■ 12 FOLLE DE RAGE

Guillaume

Ces propos de Patricia ont tourné sans cesse dans ma tête. Je souhaite vivement en reparler avec Patricia même si je m'attends à de fortes résistances de sa part. Cela a été dit, certes après un repas bien arrosé, mais cela ne peut pas être ignoré ou même nié désormais.
Patricia s'installe à côté de moi, près de la fenêtre.
Le ciel est devenu noir, très menaçant. De lourds nuages le traversent. Mon regard revient sur Patricia.
Son visage marque une profonde tristesse.
Patricia a l'air terriblement gênée.
La tension est très forte et je me lance le premier :
Patricia, cela n'a pas l'air d'aller. Si c'est lié à notre repas de la semaine dernière, sachez que j'ai été très marqué par la confiance que vous m'avez témoignée…
Elle m'interrompt. Patricia est une femme vive et directe.

Patricia

Non, Guillaume, je ne regrette pas un mot de ce que je vous ai dit. Au contraire même. Je suis heureuse de vous avoir mis en garde. J'en ai parlé à Camerine. C'est normal. C'est conforme à ma déontologie et puis Camerine est mon amie. Ma mise en garde vaut pour elle aussi. J'ai pensé lui être utile en attirant son attention sur l'irrationalité de sa conduite et sur les conséquences fâcheuses que cela pourrait avoir pour elle.

Guillaume

Je suis désespérément optimiste alors je souris et lui dis :
Alors tout va bien. Tout va s'arranger.
Patricia a l'air consternée. Elle cherche ses mots. Ne les trouve pas. Je l'aide :
Vous pouvez y aller. Je m'attends au pire.

Patricia

Camerine m'a chargé d'un message à votre attention. Suite à notre travail et à votre bilan de compétences, elle veut que vous ne postuliez que sur des postes inférieurs à votre situation actuelle.

Guillaume
(serrant les poings)

Ce n'est pas possible. C'est un déclassement ! Elle n'a pas le droit d'exiger cela. Il n'en est pas question !

Patricia

C'est notre dernière séance ensemble. Je me suis disputé avec Camerine. Je ne suis pas d'accord avec elle. Cela ne correspond pas du tout à notre travail, à mon évaluation de vos compétences et de votre personnalité. Je lui ai dit que j'arrête cette mission de coaching. La situation est malsaine. Je ne reconnais pas Camerine ou du moins je la découvre sous un aspect que je ne lui connaissais pas. Je ne veux pas entrer dans un jeu qui me déplait fortement, être sa complice. J'ai dénoncé le contrat qui me liait à Camerine malgré son fort intérêt financier pour moi.

Guillaume

Je vous remercie de votre droiture.

Je suis effondré par cette révélation. Je me plonge dans mes pensées. Cela se passait pourtant bien. Qu'est-ce qui a pu se passer ? Patricia me regarde avec compassion.

Je l'interroge :

Avez-vous une idée de ce qui s'est passé dans sa tête ?

Patricia
(hésitante)

Oui…

… la naissance de votre enfant… ça l'a rendu folle de rage !

Guillaume

Mon étonnement est total. Mon regard file à travers les vitres. Le ciel s'est crevé. Une pluie diluvienne s'abat sur la ville. Des grêlons viennent frapper les vitres. Chaque impact me donne l'envie d'hurler.

■13 RAT D'ARCHIVES

Guillaume

Je ne suis pas complètement naïf et après avoir tourné la question dans tous les sens dans ma tête, je me suis décidé à quitter ce poste que j'aime beaucoup pourtant et même à abandonner provisoirement toute idée de promotion. Je suis donc prêt à solliciter un autre travail, dans une autre Direction pour échapper à l'emprise de Camerine et à ses probables représailles. Mais quand même à égalité de situation professionnelle. Je ne peux pas imaginer une seule seconde me présenter à un poste inférieur ! Quand même !

Jusqu'à présent, ma carrière s'est très bien déroulée. J'ai franchi de nombreux paliers hiérarchiques et je devais passer à une position de cadre à très hautes responsabilités.
Partir à égalité de situation me fait perdre au moins trois ans. Mais mon choix est fait. Si je reste sous la dépendance hiérarchique de Camerine, je m'expose à une guérilla stérile et je risque de perdre bien plus.
J'ai pris connaissance d'un poste qui vient de se créer, lié à la Régulation. Ce sont de nouvelles missions liées aux évolutions des marchés qui sont libéralisés.
Je me suis porté candidat à ce poste qui me convient bien. Il fait appel au relationnel, aux contacts. Il est lié aux évolutions fondamentales de notre industrie et est donc très porteur. J'ai rempli mon dossier de candidature que j'ai transmis à Camerine pour obtenir son feu vert. Ce sont nos procédures internes qui exigent que le

supérieur hiérarchique donne son avis sur la candidature et son opinion sur le collaborateur qui se présente pour un nouveau travail.

J'espère que Camerine me laissera la voie libre. Un avis neutre de sa part me suffira. Je suis relativement serein lorsque je me présente à l'entretien pour le poste à la Régulation. J'ai bien préparé l'entretien. Je me suis documenté sur les évolutions des marchés et sur le travail de la Commission de Régulation. J'ai pris contact avec un ami qui a le même type de travail dans une autre entreprise. Je suis au point et bien en forme lorsque je franchis la porte de la haute responsable, qui cherche à pourvoir ce poste.

Lorsque je pénètre dans son bureau, je suis frappé par la discrétion de cette personne. En fait, je l'avais croisée à plusieurs reprises dans le bâtiment du siège, mais je ne lui avais jamais prêté beaucoup d'attention. Je l'observe pendant qu'elle me présente rapidement le poste proposé. Elle me fait penser à un rat d'archives. Toute petite, toute grise. Une souris d'archives plus exactement ! Elle ne sourit pas, s'exprime très peu. Elle n'a aucun charisme.

Âgée de cinquante-cinq ans environ, elle donne l'impression de ne plus rien attendre de la vie. Une vieille fille en souffrance qui s'abrite derrière des tas de dossiers techniques. Curieusement, je me dis que l'on pourrait très bien fonctionner ensemble, malgré la différence de tempérament, d'approche des gens et de la vie. Je sens que cette dame est très travailleuse et très consciencieuse. Et qu'en plus elle me laissera nombre d'initiatives.

Aussi j'essaie de la convaincre de me prendre pour ce poste. En un peu plus d'une heure, je lui expose mes activités précédentes, les compétences que j'ai acquises et qui me semblent intéressantes pour ce boulot. Je lui décris mes motivations et aspirations et même quelques idées que j'ai pour développer les activités liées à la Régulation. Elle est très intéressée par ma candidature. Elle me le dit à la fin de l'entretien.

Responsable Régulation

Guillaume, je peux vous appeler Guillaume, n'est-ce pas ?

Guillaume

Je pense que c'est gagné à cet instant-là.

Bien sûr…

Je ne commets pas l'erreur de l'appeler par son prénom. Je ne veux pas passer pour trop familier et me comporter comme en pays conquis.

Responsable Régulation

Je ne vous cache pas que vous êtes le candidat le mieux placé. Êtes-vous libre rapidement ?

Guillaume

Oui. Je peux rejoindre votre équipe dès la semaine prochaine. Je continuerai à suivre mes dossiers actuels et je les transmettrai progressivement à mon successeur.

Responsable Régulation

Cela va vous faire une charge très importante pendant plusieurs semaines ?

Guillaume

J'en suis bien conscient. Mais véritablement le travail ne me fait pas peur et j'ai l'habitude de beaucoup m'investir.

Responsable Régulation
(serrant la main)

Alors à bientôt, Guillaume.

Guillaume

Je suis très heureux de cet entretien. J'ai le sentiment que je viens de franchir un grand pas vers plus de liberté. Je vais pouvoir échapper à l'ambiance pesante que je vis depuis plus de trois mois désormais.

Je m'assois à mon bureau et consulte mes mails lorsque le téléphone retentit. C'est la secrétaire de la Régulation qui me demande si j'ai bien donné le formulaire de candidature à viser par Camerine. Ils ne l'ont pas reçu.

Je promets de me renseigner sur-le-champ.

Je n'ai pas envie de solliciter ni Camerine ni sa secrétaire. Aussi je téléphone au département relations humaines. Je tombe sur une remplaçante qui retrouve le formulaire et me demande si je peux le porter moi-même pour gagner du temps.

Ce n'est pas du tout la procédure habituelle. J'accepte de porter directement ce formulaire. Je vais ainsi pouvoir prendre connaissance de l'appréciation portée par Camerine.

Quelques instants plus tard, je suis en possession du formulaire qui est dans une enveloppe standard.

Je n'hésite pas une seconde et je l'ouvre. Je découvre avec stupeur que Camerine a porté un avis très négatif sur ma candidature. Je réalise en un instant que je n'ai aucune chance d'être pris dans le nouveau poste. Je connais trop bien mon entreprise pour savoir qu'un candidat n'est jamais recruté contre l'avis de sa hiérarchie.

Je ne comprends pas Camerine. Elle m'empêche de partir. Elle me coince dans son service. Elle veut me garder près d'elle.

J'ai l'impression d'étouffer. J'enrage, mais que faire ?

■ 14 LA LETTRE DE MENACE

Guillaume

J'ai alerté le Directeur général, en vain. Il a eu l'élégance de répondre à mon message, mais en fait pour m'exprimer sa confiance à Camerine. Il m'a conseillé de rebondir sur un autre poste le plus rapidement possible.

Je comprends que Camerine a pris le pas sur le Directeur général et qu'elle échappe désormais à son contrôle.

Les nominations des plus hauts dirigeants dans notre entreprise sont très dépendantes du monde politique. Le Président et le Directeur Général sont des proches du pouvoir. L'influence du mari de Camerine est considérable et je vois mal mon Directeur Général braver ses foudres ou même prendre le moindre risque en intercédant en ma faveur, malgré toute l'estime qu'il pourrait me porter.

Je me retrouve seul en face de cette femme dont je ne comprends ni les motivations ni les réactions. Je baigne dans l'irrationalité. J'imagine que si la même situation me mettait en prise avec un supérieur qui soit un homme, nous aurions eu très vite une explication nette et sans détour. Je pense même que je l'attendrais au détour d'une rue pour lui coller mon poing dans la figure. Mais une femme ! Je suis désarmé. Je ne vais pas lui flanquer une raclée !

Avec une femme, comment faire ? Si je la secoue un tant soit peu, je suis mort professionnellement. Même sans témoin, on la croira, elle.

Et puis je suis foncièrement non-violent. Je n'ai jamais eu à porter la main sur qui que ce soit depuis mon enfance.
Je ne vais pas commencer maintenant, dans mon entreprise, et sur une femme !
Je suis coincé !

L'été arrive sans que j'aie revu Camerine. Je m'en passe bien ! J'ai passé le mois de juillet en Corse avec ma femme et notre bébé. J'ai encore le souvenir d'une mer bleutée et transparente et des plongeons depuis les rochers.
La Corse est une merveille avec ses torrents, ses cailloux, ses paysages magnifiques, ses luminosités extraordinaires.
Nous sommes revenus bronzés, détendus. La mémoire nourrie de ces beaux paysages, des charmantes promenades et des doux moments passés avec notre beau bébé. En plus, il a le bon goût de faire ses nuits sans pleurer. Un régal !

Je reprends le chemin du bureau avec optimisme et bien regonflé. Qui sait ? Camerine a peut-être un peu changé ?
L'espoir est de courte durée. Dans la pile de courrier qui m'attend, une lettre attire tout de suite mon attention. C'est une enveloppe au logo de mon entreprise. J'ai un mauvais pressentiment. Je l'extirpe de la pile dont elle dépassait un peu.
Je la lis. Mon poing s'abat sur mon bureau. Une lettre de Camerine, d'intimidation et de menaces.
Elle va trop loin. Ça suffit comme ça !
Je ne prends même pas l'ascenseur. Je vais plus vite par l'escalier. Je passe devant la secrétaire de Camerine qui tente de s'interposer.
Je l'ignore complètement. Je ne frappe pas à la porte et j'entre dans le bureau de Camerine. Elle n'est pas seule.

Elle est avec un jeune homme, un jeune loup qu'elle a récemment recruté. Je lui demande de sortir. Il la regarde. Sans un mot elle lui fait comprendre qu'il peut sortir.
Je suis blanc de rage. D'autant que Camerine a l'air de se délecter de la situation. Je suis bien décidé à en découdre :

Ça ne s'arrange pas dans votre tête !

Camerine
(Blêmissant)

Je ne vous permets pas…

Guillaume
(imperturbable),

Qu'est-ce que c'est ce torchon que vous m'avez envoyé ?
Je lui brandis la lettre dont je viens de prendre connaissance.

Camerine

C'est une mise en garde solennelle.

Guillaume

C'est une saloperie, oui ! Vous m'écrivez que je suis en votre pouvoir. Que vous pouvez faire de moi ce que vous voulez : m'envoyer en Province, me déclasser, me mettre d'office dans un autre poste sans mon accord. Mais vous vous croyez où ? Pour qui vous prenez-vous ?

(Submergé par la colère) :
Il faut vous faire soigner, Madame. Ça ne va pas du tout
dans votre tête.
Camerine reste étonnamment calme.
Elle ouvre la porte de son bureau de manière à ce que
sa secrétaire puisse nous voir et nous entendre. Le
jeune loup est encore là, à côté de sa secrétaire et a l'air
très intéressé et très à l'écoute de ce qui se trame dans
le bureau de Camerine.
Si je craque cela va se retourner contre moi. Je maîtrise
à grand-peine tout le flot d'injures que je suis prêt à lui
lancer à la figure. Attention à la faute professionnelle
grave. Ne pas lever la main sur elle ou la traiter de tous
les noms en public.
Elle semble vouloir me pousser à bout :

                              Camerine

Des mots, tout cela. Paroles, paroles !

                              Guillaume

Je parviens à me dominer et je baisse le ton.
Je ne suis pas votre objet !

Camerine part dans un rire crispant, odieux. Je me
retiens pour ne pas la gifler. Je serre les poings à me
faire mal aux jointures des doigts.

                              Camerine
                            (avec ironie)

Pauvre Guillaume...

Guillaume

D'un coup, étonnamment, je deviens extrêmement calme. Non, je ne vais pas tomber dans son piège. Je retiens le « pauvre conne », que j'étais sur le point de lui balancer.

Vous n'avez pas le droit de faire ça. Je ne me laisserai pas faire.

Visiblement elle prend son pied. Ça la fait jouir de me nuire.

Camerine
(d'une voix pointue et moqueuse)

Et qu'allez-vous faire ?

Guillaume

Elle est sûre d'elle-même, de ses protections, du silence complice de la haute hiérarchie qu'elle tient dans sa main grâce à la situation de son mari, de l'obéissance et de l'obséquiosité de tous ses collaborateurs. Elle triomphe.

Camerine
(Insistante)

Qu'est-ce que vous allez bien pouvoir faire ?

Guillaume

Elle a raison. Elle me tient. Je n'ai pas d'appui, pas d'allié. Je suis seul en face d'elle. Elle a le jeu en mains. Je pars sans rien pouvoir répondre.

■ 15 BUREAU SANS ÉCLAIRAGE

Guillaume

Elle n'a pas perdu son temps ! Je viens seulement de prendre connaissance de son mail. Camerine m'écrit pour m'informer que je dois quitter mon bureau ce matin même. Elle m'affecte dans un bureau du rez-de-chaussée de l'immeuble. Les déménageurs sont déjà à l'œuvre. Ils emballent prestement mes dossiers et affaires personnelles dans des cartons.
Je suis consterné. Elle n'a pas le droit de faire ça. Elle n'a pas le droit de me déclasser. Elle n'a pas le droit de me menacer ni de me marginaliser de cette façon.

Qu'est-ce que je peux faire ?

Elle me colle dans un trou au rez-de-chaussée près des archives,
Elle est folle !
La mort dans l'âme, je descends au rez-de-chaussée voir mon nouveau bureau. J'ai un pincement au cœur. Il est au fond d'un couloir. Je n'ai pas un seul voisin. Je côtoie le stockage des archives. Une permanence médicale se trouve pratiquement en face de moi. Elle est déserte. Un panneau indique que le médecin du travail consulte ici une fois par mois, sur rendez-vous uniquement.

Je ne vais pas être dérangé par mes voisins !

Je parcours des yeux mon bureau. Il est délabré : le plafond est défoncé et des câbles pendent lamentablement. L'isolation des murs n'est pas finie. Il y a de la laine de verre au sol.

La pièce est très sombre. Il y un peu de lumière du jour qui pénètre par une petite fenêtre donnant sur un mur. Il n'y a pas d'éclairage. Pas de téléphone, pas de connexion d'ordinateur.

Je m'assoie par terre et je me prends la tête entre les mains. Les déménageurs ne sont pas encore arrivés. Il n'y a personne pour me voir. Alors je me laisse aller et pour la première fois depuis bien des années les larmes inondent mon visage.

■ 16 DEUX FANTÔMES

Guillaume

J'ai appelé la médecin du travail dès le lendemain. À plusieurs reprises. Je ne suis pas arrivé pas à l'avoir en direct. Aussi j'ai expliqué la situation à l'infirmière qui fait aussi son secrétariat. J'ai expliqué l'isolement du bureau, les travaux non finis, la présence de laine de verre. L'absence d'éclairage.

Depuis près d'une semaine, j'appelle tous les jours. Je n'ai aucun retour. L'infirmière ne comprend pas le silence de la doctoresse. Elle m'assure avoir bien transmis mes demandes. Elle me précise lui avoir même indiqué que mon cas lui semblait grave.

En attendant j'essaie encore de faire avancer mes dossiers. Chaque fois que cela est nécessaire, je squatte une petite salle de réunion qui dispose d'un téléphone qui me permet de joindre mes interlocuteurs et de me brancher sur internet pour avoir mes mails.

Je téléphone une fois de plus à l'infirmière. Cette fois ci, elle a un ton enjoué. Elle est ravie de m'apprendre que la médecin du travail vient de quitter son bureau pour venir me voir et qu'elle devrait arriver d'ici peu.

Je descends précipitamment dans mon bureau pour la recevoir. Effectivement elle est devant ma porte.

À ma grande surprise elle est avec le responsable des ressources humaines du siège social.

Je les regarde avec surprise.

La médecin du travail est glacial. C'est une femme de quarante ans environ. Habillée très strictement.

D'habitude elle est plutôt joviale et sympathique. Elle m'a déjà reçu plusieurs fois pour les visites médicales annuelles. Nous avions bien discuté à chaque fois. Là elle me paraît complètement coincée. Elle est extrêmement distante et m'accueille par une phrase qui me décontenance :

La médecin du travail

Alors vous vous plaigniez d'être mal traité ?

Guillaume
(sans se démonter)

Merci de vous être déplacée. Vous allez pouvoir en juger par vous-même.
J'ouvre alors la porte du bureau. J'observe sa réaction. Elle a un mouvement de recul devant l'état de délabrement du bureau. Mais elle parvient à se maîtriser :

La médecin du travail

Ce n'est pas un problème. Les travaux vont être achevés très bientôt.
(*Elle se tourne alors vers le responsable relations humaines*) :
N'est-ce pas, cher ami ? Vous allez vous en occuper ?

Le responsable RH
(sèchement)

Aucun problème.

Guillaume

Si la médecin du travail m'est apparu glaciale, ce n'est rien à côté de lui.
Je le connais un peu. La rumeur dit qu'il appartient à l'Opus Dei. Pas un sourire, une tristesse profonde, des yeux vifs et pénétrants, un visage creusé, imperturbable, voire même cruel. Je l'imagine très bien se flageller à genoux tous les soirs.

Guillaume

Ils s'apprêtent à partir. Je leur lance :
C'est tout ? Les travaux c'est une chose. Mais vous avez vu dans quel isolement je me trouve. Je n'ai pas de voisins. Personne à voir de la journée. Je n'ai même de point d'eau à proximité. Ces conditions sont indignes.

La médecin du travail

Monsieur, vous avez une fenêtre et vous êtes chauffé. Alors ne vous plaignez pas. Il a bien pire dans d'autres entreprises.

Guillaume

Je suis sur le cul ! Il n'y a pas d'autre expression.
Les agissements de Camerine sont couverts par le responsable RH et aussi par la médecin du travail. Je n'en reviens pas. Je les regarde s'éloigner silencieusement. Deux ombres. Deux fantômes. J'ai la détestable l'impression d'être comme un prisonnier dont les autorités pénitentiaires viennent d'inspecter la cellule.

■ 17 SOLITUDE

Guillaume

Trois mois que je suis à l'écart de tous.

J'ai bien envisagé de démissionner. J'ai entrepris des démarches pour trouver un nouvel emploi dans une autre entreprise. J'approche de cinquante ans. Ce n'est pas le meilleur âge pour se lancer dans une autre activité. D'autant que plus de vingt ans passés dans cette entreprise publique ne constitue pas forcément une bonne référence. Les employeurs potentiels me regardent bizarrement et je n'arrive pas vraiment à les convaincre de mes motivations à vouloir changer ainsi de cap. J'ai beau leur expliquer que j'ai besoin de changer d'air, que l'inertie de mon entreprise me pèse, ils restent dubitatifs et préfèrent engager finalement une autre personne. J'ai eu un contact excellent avec une entreprise de conseil qui avait un poste très intéressant dans le secteur de l'énergie. Mes connaissances de cette industrie et de ses décideurs les avaient séduits. Nous étions sur le point de conclure quand un cataclysme financier a secoué cette compagnie. Son cours de bourse a été divisé par dix et un plan social s'est mis en place. C'en était fini de ma candidature.

Partir n'est pas chose aisée. Très peu de salariés quittent mon entreprise qui nous offre encore la garantie de l'emploi.

Camerine le sait bien ! Elle joue perversement là-dessus.

Je continue quand même à prospecter.

J'ai eu des échos sur Camerine. Des collègues m'ont rapporté le caractère double de sa personnalité. Parfois bien souriante, aimable et sympathique et par moment, après un revirement soudain de son humeur, elle devient tyrannique, odieuse, hurlant comme une hystérique.

Même des proches à elle se posent des questions. Certains ont parié et misé leur développement de carrière sur elle en rejoignant son équipe. Elle leur avait fait des promesses sur des niveaux de responsabilité qu'ils auraient et aussi sur des évolutions de salaire. Certains ont très vite déchanté et se retrouvent piégés avec une chef incompétente, d'humeur changeante et sans projet global pour son service. Elle se révèle despotique et castratrice. Que d'autres aussi souffrent de son comportement ne me réjouit en aucune façon.

Elle semble s'être cristallisée sur mon cas. Je lui tiens tête. Cela se sait et elle veut faire un exemple avec moi, en plus de toutes les raisons profondes qui la poussent à me haïr et qui m'échappent.

Je souffre beaucoup de l'isolement physique dans lequel elle m'a plongé. Ce sentiment d'isolement est renforcé par un sentiment de honte : je me retrouve à l'écart, comme un pestiféré. J'ai honte vis-à-vis de mes collègues du même service. Cela en fait ricaner certains. Ils se précipitent pour récupérer mes bons dossiers. Je constitue un concurrent en moins dans la course aux promotions.

J'ai surtout honte vis-à-vis de mes collègues d'autres services qui ignorent tout de la situation. Ils ne peuvent pas imaginer que je puisse vivre une telle déchéance. Moi-même j'ai du mal à le réaliser. Cela ne se fait pas dans notre entreprise. Certains sont certes mis au placard, mais les apparences sont sauves. Ils gardent une petite activité, leur bureau. Moi ma dignité est atteinte.

Je me cache le matin pour aller dans mon bureau. Je ne veux pas que l'on me voie être relégué près des archives. Je me cache pour aller dans mon couloir de la solitude et de la honte. J'attends que personne ne soit présent dans le grand hall. Je m'arrange pour avoir mes rendez-vous dans les salles de réunion. Lorsque je suis interrogé sur l'emplacement de mon bureau je dis que je suis dans un bureau provisoire en attendant une prochaine réorganisation et je tâche d'être vague sur sa localisation.

J'ai protesté très fortement auprès du service logistique. Un éclairage acceptable a finalement été rétabli ainsi qu'une connexion téléphonique et informatique. J'ai eu connaissance que Camerine était entrée dans un état de fureur extrême auprès du responsable de la logistique quand elle avait appris qu'on m'avait réinstallé ces fonctions vitales.

Je cache toutes les souffrances endurées. Toutes ces humiliations, ces hontes bues, ces collègues qui ne m'adressent plus la parole, cette impression d'inutilité ce sentiment d'impuissance, de solitude. Ma dignité que j'essaie de préserver, mais qui part en lambeaux. Et les tensions dans ma propre famille, ma mauvaise humeur de plus en plus fréquente. Mes irritations soudaines envers mes proches, ceux que j'aime. Ces heures à me torturer l'esprit pour déjouer les mauvais coups, ces longues heures d'insomnie, ces angoisses de perdre mon travail, mon salaire, de ne plus pouvoir nourrir ma famille.

Je cache ma situation à tout le monde.

À toute ma famille, de peur de les inquiéter. Je ne suis pas arrivé à en parler à mon frère. Cela lui ferait beaucoup de mal. J'évite d'en parler aussi avec mon épouse. Je ne veux pas qu'elle se fasse du souci pour moi. Elle me sent de plus en plus irrité et pensif. Peut-être que je m'ouvrirai à elle dans quelque temps ?

■ 18 LE COULOIR DE LA MORT

Guillaume

Les mois se sont enchainés. Et moi aussi je suis enchainé. Des mois à porter ma honte d'être mis à l'écart, d'être refoulé loin des collègues, de l'animation, des discussions entre collègues. Plus personne ne m'adresse la parole dans mon service. Je suis devenu un paria. Tous les jours je vais voir Patrick qui est à quelques étages au-dessus. Je me raccroche à lui comme à une bouée en pleine mer, avec des vagues cinglantes déferlant sur ma tête. Nous prenons ensemble le café matinal et celui du début d'après-midi. Cela me raccroche à une vie de bureau qui m'échappe de plus en plus.

C'est une bouffée d'oxygène et une fenêtre sur l'extérieur. Nous parlons de piano, de judo, de peinture. Cela m'abstrait quelques instants de la moiteur de ma situation, de l'étouffement que je vis et combats à chaque minute. Camerine me fait surveiller. Elle cherche la faute de ma part. Elle fait contrôler ma présence. Régulièrement un agent de la sécurité passe en début de matinée et en fin de journée pour s'assurer de ma présence. Je fais en sorte d'être très ponctuel. Mais c'est lourd, très lourd.

Elle est parvenue à m'enlever tous mes dossiers. Elle me détruit. Je suis atteint, profondément atteint. Je ne veux pourtant pas finir dans ce trou, sans travail, sans avenir. Brisé par cette femme !

Le bilan est noir. J'ai une situation professionnelle extrêmement fragile, d'autant que les menaces de fusion se précisent. Je suis dans la plus mauvaise situation pour l'affronter. Je vais me faire licencier dans les premiers !

Je suis de plus en plus dépressif et irritable. Je suis très difficile à vivre pour ma femme. Je m'en rends bien compte. Je m'isole dans mes pensées négatives. Je lui adresse de moins en moins la parole.

J'ai beau me raisonner, me dire que cela va passer, cela m'affecte profondément.

Je tourne comme un lion en cage.

La colère me submerge. Je donne un violent coup de pied à ma porte de bureau. Je renverse le bureau de rage.

Ça ne dérange personne. Je me prends la tête à deux mains. Je suis seul dans mon couloir. Le couloir de la mort.

■ 19 TROP DE LARMES

Je suis entré dans une dépression profonde. Depuis trop longtemps je suis enfermé chez moi à me gaver d'antidépresseurs. Mon épouse m'a quitté. Elle est partie hier emmenant notre petit garçon. Je ne peux pas lui en vouloir. Elle en a trop bavé. Elle n'a pas pu supporter mes changements d'humeur, mes angoisses, mes irritations.

Quand j'ai plongé dans cette dépression qui me prive de tous mes moyens physiques et intellectuels, cela a été trop dur pour elle. Trop de souffrances partagées, trop de larmes versées. Elle ne me reconnaissait plus. La vie était devenue invivable pour elle. La maison est vide sans eux. J'ai bu toute la nuit pour annihiler ma douleur.

J'ai tout perdu.

J'ai la gueule de bois. Le mélange d'alcool et des antidépresseurs est très toxique. Déjà j'avais du mal à aligner deux pensées cohérentes, mais là je me sens effondré, tremblant. Mon esprit est chaotique.

Camerine. Cette femme m'a fait tant de mal !

J'ai retrouvé une arme enfouie au grenier. J'ai eu du mal à mettre la main sur les cartouches que j'avais rangées à part, par précaution. Le revolver fonctionne bien. J'ai tiré sur le miroir qui me faisait face et il a explosé en mille morceaux qui jonchent le sol. Il est sept heures du matin.

Je me rends au bureau.

Je veux en finir.

Ce sera elle puis moi…

FIN

Rideau

Voix off

Cette histoire est vraie. Je l'ai vécue au plus profond de ma chair. Seule la fin diffère. Heureusement pour moi ! Si je peux la raconter aujourd'hui c'est parce que sur mon chemin j'ai rencontré un syndicat, qui a beaucoup fait pour m'aider et me tirer de ce mauvais pas.

Ne restez jamais seul !

POURQUOI ADHÉRER A L'ODS

En plus de rassembler toute une « faune de l'espace » passionnée de littératures de l'imaginaire, science-fiction, fantastique, fantasy, etc et tant de chercheurs érudits des univers de l'étrange, l'ODS est une association active qui organise ou coordonne de nombreux événements dans les domaines qui nous intéressent.

C'est un fait que l'activité de publication de fanzines qui était son expression principale à ses débuts a dû être transférée vers notre maison d'édition, EODS, faute de lecteurs assidus dans un secteur qui s'est peu à peu reporté vers le web. Certaines revues ont disparu, d'autres sont nées à cette occasion. Force est de nous adapter au potentiel du lectorat d'aujourd'hui, et nous voilà au XXIe siècle !

Toutefois, tout en nous adaptant, nous tenons, à l'ODS, à préserver cette convivialité qui fut toujours la première motivation de notre existence associative. C'est pourquoi nous poursuivons avant tout l'organisation de rencontres, conférences, congrès, dîners thématiques et autres missions scientifiques autour des thèmes qui nous sont chers. Participer à ces nombreuses activités, les organiser ou permettre à certains invités de venir y présenter leurs travaux, voilà aujourd'hui la vocation de l'ODS. Ainsi, tout au long de l'année, vous êtes conviés à nous rejoindre lors de dîners informels, comme celui du Nouvel Eon en janvier, et toutes sortes de rencontres à thèmes intitulées « on the spot », selon le calendrier de la venue d'auteurs en région parisienne, ainsi qu'à des colloques de haute teneur dont ceux organisés à Rennes-le-Château (ARTBS) ou à Paris comme le Congrès Fortéen, les journées Heuvelmans ou Jacques Bergier, etc, mais aussi à nous rendre visite sur les stands des nombreuses conventions auxquels nous participons.

L'organisation de ces événements et la participation de l'association à ceux organisés par d'autres sont aujourd'hui devenus notre activité principale, car c'est ce qui fait vivre notre univers littéraire et préserve ce caractère unique qui nous plaît. Si certains supports de lecture disparaissent petit à petit au profit de medias plus modernes – du fanzine au webzine, des listes de discussions aux réseaux sociaux, etc. – il reste que nous sommes tous attachés aux livres originaux au format papier, non seulement à l'objet que l'on peut aujourd'hui commander en trois clics, mais surtout à ce qui va autour, c'est-à-dire les rencontres, les discussions, le partage et les possibles collaborations qui s'improvisent au gré des initiatives de nos membres les plus passionnés et, bien entendu, au plaisir de lire !

La participation de chacun à cette fourmillante activité littéraire et autour de la littérature se coordonne le plus simplement possible par le moyen de notre association, et c'est la raison d'être de l'ODS. En y adhérant, et surtout en participant par votre présence et votre concours à ces rencontres, ainsi qu'à la naissance et la réalisation de nouveaux projets, vous nous aidez à prolonger la vie de notre multivers littéraire. Bienvenue à tous et merci pour votre présence !

Emmanuel Thibault, membre du Conseil de AODS.

LES ÉDITIONS DE L'ŒIL DU SPHINX

SARL au capital de 15.245 €

R.C.S. Paris B 432 025 864 (2000 B11249)

36-42 rue de la Villette
75019 PARIS
Mail ods@oeildusphinx.com
http://www.œildusphinx.com
Tél 09.75.32.33.55
Fax 01.42.01.05.38

Toutes nos parutions sont sur :
http://boutique.oeildusphinx.com

Achevé d'imprimer en août 2018
par Createspace
N⁰ d'imprimeur : 8231